方便與真實

劉濟雨 著

經典

自序

《方便與真實》是末學自《心路》之後的第七本拙著。完筆之際，正好碰到菲律賓遭逢人類有史以來最強烈的颶風——海燕風災的無情肆虐，傷亡慘重。在上人的指示下，我們一行十三人前往協助當地分會，進行一系列的勘災及賑災工作。因此，這本新書就隨順這次救災的因緣，從自序中將人間路與菩薩道的巧妙銜接，拉開序幕。

二〇一三年十一月八日，菲律賓萊特省的獨魯萬市發生當地百年來最強烈的颶風侵襲，造成數千人往生，數十萬家園被嚴重摧毀。災後整個市區殘垣斷壁而滿目瘡痍，景象猶如被轟炸機瘋狂轟炸過一般，令人怵目驚心，加上缺水缺電，入夜後整個災區死氣沉沉，猶如死城。不只整個城市癱瘓猶如廢墟，災後的機場一片凌亂而關閉，只讓各國可以垂直起降的救援運輸機與直升機使用，直至第六天陸路搶通後，慈濟菲律賓分會立即前往勘災，我們從臺灣出發的先遣團隊則在第十天後抵達獨魯萬市的重災區。獨魯萬市有近六萬戶家庭，二十二萬多人口，而半毀與全毀的房屋有三萬五千戶，加上鄰近的次重災區奧莫克市，受災與亟需援助的災民多達六萬多戶。

證嚴上人研判災情之後，指示急難救災的第一步就是啟動「以工代賑」，讓呆坐家園、枯坐路邊而無語問蒼天的災民們能投入清理家園及社區。以工代賑給於災民們一份超出當地日薪的代賑金作為實質有效的經濟援助。清掃期間，現場也供應熱騰騰的慈濟香積飯，不但讓災民有事做、有飯吃，也有一份收入。而慈濟對六萬多戶家庭的全面性慰問金大發放，不但讓一無所有的災民們有能力購買急難的生活物質，也讓路邊日益增加了許多擺賣的小攤販，以工代賑開始之後三天就明顯看到市集商機的逐漸恢復。一個月的以工代賑有超過三十萬人次的災民投入災區的清掃工作，不但讓市容明顯的恢復，更讓整個市區的經濟活動活絡起來。全球四十四個國家的慈濟人走入街頭為菲國賑災而募款，此舉更讓災民們刻骨銘心，紛紛在修復好的屋頂上、或門上、或以木板、或在紙板及衣服上寫上「謝謝慈濟」，以此方式發抒內心患難見真情的無盡感恩。

四十多輛遠從宿霧及奧莫克借調過來，掛著慈濟旗幟與布條的大卡車與山貓、怪手、推土機等等在災區隨處可見，此舉讓當地政府與許多國際非政府組織及救援團體甚為訝異與讚賞。有一次，我們勘災團隊與當地協調救災事宜的市長執行祕書會面時，他打趣地說：「你們動員的力道很強大，救災效率比我們政府還要快，乾脆市政府就讓你們慈濟接管好了。」這就是用智慧妙法救災，並從關鍵性的重點做起，以起提綱挈領之效，日常生活中的行事理念何嘗不是如此，這就是不離世間與人群的生活法。所以，災區也是修行及學習的道場，充滿了法脈與宗門交互運用的細膩與巧妙，去勘災與救災也是從信、解、行之中去實際體會，並從中得到印證。

表面上讓災民在災後有一份收入及慰問金維持生計而安定其心，也因災民有錢可以購買需要的物資，而令經濟活動加速恢復熱絡，這是救災的一種權巧方便。另一方面，慈濟人文在與災民互動中展現，讓災民被充分關懷與尊重，而不是被施捨或憐憫，這是「感恩、尊重、愛」的慈濟精神在災區落實。災民也因以工代賑及大發放的雙管齊下而自立自強，紛紛走出家園、投入人群，此舉更減輕了災後症候群的效應產生，也不會讓災民們一味地等待救濟而有了依賴的心理，這是慈悲與智慧的不偏不倚，依中道而行。所以，整個救災過程是在不露痕跡之下，從權教入於實教、從權智入於實智，這就是從方便門進入真實門，意即上人所說：「將宗門與法脈交叉運用在救災工作中就是一種巧妙。」這就是解行並重、悲智雙運的「一乘妙法」。

原本死氣沉沉的災區氣氛，在短短的一個月內逐漸起死回生、恢復生機。當地政府與災民感恩慈濟務實與即時的伸出援手與精神關懷而走出陰霾迎向光明，因此在災區只要看見藍天白雲制服的慈濟志工，「慈濟！慈濟！」的災民歡呼聲此起彼落，這就是希望的曙光。大愛的力量讓黑暗變光明，讓災民們絕處逢生，重拾活下去的希望與信心，這其中，慈濟志工默默付出無所求，以同理心及慈悲等觀去面對每一位災民，並且心存感恩，這是從「心」膚慰災民最大的力量。其實，硬體的重建還算容易，但心靈的重建極其不易，天災乃始於人禍，所以救災的終極目標也是要從救心開始，這才是救災最珍貴的無形價值所在，身處在災區第一線，感觸特別深刻。

緊急救災階段過後，開始進行組合教室的裝配，這又是另一批為數三十多位的慈濟專業志工的跨國投入，而長期重建計畫則悄悄進行著學校及大愛村的援建事宜。災後一個月，許多國際非政府組織紛紛離開，甚至許多人也逐漸淡忘，然慈濟卻繼續深入短中長期的後續援助而不停歇，並且展開獨魯曼市本土志工的培訓。大愛精神因為大災難的大因緣而大轉法輪，讓慈悲的種子在當地落地生根。這個災難總有救完的一天，但慈濟宗門與法脈將在此延伸而令淨化人心的清流綿延不斷，影響深遠，就如當年大陸汶川大地震的翻版一般，如今當地的本土志工如雨後春筍、遍地開花。許多災民感觸地說道：急難救助金與物資總有用完的一天，但慈濟精神帶給他們心靈上的膚慰與重建，讓他們有信心與勇氣面對未來，甚至也成為手心向下的人，這將讓他們畢生難忘。

強調走入人群、緣苦眾生的菩薩道就像大白牛車，如《妙法蓮華經》所云：「駕以白牛，膚色充潔，形體姝好，有大筋力，行步平正，其疾如風，有多僕從而侍衛之。」這輛大白牛車可以動員跟乘載很多有緣人與有心人，可以匯聚四面八方大愛的力量，也可以救拔跟膚慰身處暗角的苦難人。深入探討，這就是一乘法的開權顯實，由方便權教入真實實教而產生妙用，在災區也可以藉救災顯真理，實為妙法。

本書由於著重在菩薩道「方便法」與「真實法」交互巧妙運用的闡

述，因此書定名為《方便與真實》，並與過去六本有完全不同的編輯方式。《方便與真實》整本書以「世間法與出世間法」以及「有為法與無為法」的大乘思想做相互串聯與印證，並與慈濟宗門及靜思法脈環環相扣、節節相通，藉以妙述證嚴上人近年來積極呼籲慈濟人「法入心，法入行」的殷切企盼，以及如何自這樣的大乘思想中走出一條福慧雙修的真實之路。這條真實之路所要探求的，乃當年佛陀住世最後七年所暢演的真實之法，也就是會三乘歸一乘、由方便入真實的一乘法。

佛法不離世間法，離開人群就沒有甚麼法好修了。所以，《方便與真實》的書中也是列舉了許多人群中的人例與事例，而災區尤是大道場，大災難更是大因緣，裡頭無不充滿運籌帷幄的慈悲與智慧。拿這些世間事作為書中的主角，進而旁敲側擊從中探討，為何佛陀在最後七年開講法華一乘法是佛陀來世間的最大目的與本懷。同時，也深入解析為何證嚴上人在慈濟志業推動四十八年後的最近幾年，語重心長、用心良苦，甚至半強迫式的要求慈濟人「晨鐘起，薰法香」，不但要藉以提振精進心，也從入宗門的方便施設中，進而徹悟出世間的靜思法脈，從中印證有為與無為、出世與入世，最後自種種的無量法門中萬法歸一、殊途同歸，由方便的權教與權智通通匯聚於菩薩道一乘大法的實教與實智，這也是「經王法華經」以及做為慈濟志業之精髓——《無量義經》的絕妙精深之處。

佛陀在用了四十二年方便法去適應根性不整齊的眾生之後，深覺再不把握時間把心中最想說的一乘法講出來會來不及，因此把握最後七年及時暢演《法華經》，所以這部經是佛陀一生將盡時所說。佛陀並以「三界不安，猶如火宅」的譬喻，警惕佛子們再不趕緊轉二乘、三乘匯入於一乘菩薩道，則會造成遺憾與後悔。經中稱佛陀為「三界導師，四生慈父、人天教主、三類化身」，並讚仰佛陀可以在凡聖兩岸間來去自如。因此，吾等若不行入人間菩薩道，一邊走入人群，一邊深入經藏，則無法體會佛的心境。

《方便與真實》書中也注入末學隨師近兩年多來，耳濡目染證嚴上人之宣說法要以及對人事物的諸多應機開示。上人對當機眾應機權教，不時讓聽法者恍然大悟、茅塞頓開，而令諸權智最終皆入於實智。舍利弗雖「智慧第一」，然卻尚不足以測量佛智，即使吾等每一個人都具有如舍利弗一般的智慧，集合起來也是難以做到，佛智如法海之浩瀚無垠而深不可測可見一般。要「行入人群」與「深入經藏」，這樣才能教而有行證，也才不致修而無證，蓋因有覺而無行或有行而無覺皆非「覺行圓滿」，這樣還是不究竟、不圓滿。所以，慈濟菩薩道的修練法門強調外行「慈濟宗門」、內修「靜思法脈」。法脈猶如一個人的心與腦，宗門猶如身體各器官的功能，兩者心行一體、內外兼顧才是真實義。如此契合現今社會人心脈動的應時說教，悉皆匯入「靜思妙蓮華」，並與《妙法蓮華經》相互輝映，微妙之處在此。

隨師中，末學深深體會上人說法也是日日與時並進，隨時掌握全球訊息，針對當前國際局勢、社會脈動、氣候變遷、天災人禍等等，及種種末法時期的是非顛倒、價值觀混淆，以及種種人心紛亂等有諸多直指人心的肺腑之言及法語開示，並帶領慈濟人親力親為從種種的濁流中開創出一條條人人皆可行的清流之道，再自種種細水清流匯入佛智大海，如此曲直向前的由方便入真實，頗值得我們用心體會與學習。三乘方便法不是佛陀初衷所要開的法，而是與諸佛一樣需藉此方便來誘進教化眾生，然最終卻是要走入真實。因此，上人也同時提醒我們，不要執著方便法。不要執著的意思不是不要去用它，或懷疑過去所用的方便法是否有錯，不是這樣。而是要透過方便法的引導，逐步邁向真實，透過方便還要更上一層樓，不只是去除煩惱，還要解脫與覺悟，這樣才是究竟。

在「來不及，來不及！」的迫切之下，上人對當機眾之開示也明顯可見「回小向大」的殷切之心，提醒慈濟人必須將人間路銜接菩提道，將入世的四大志業八大法印拿來印證法華精神，明確指出慈濟人值此末法時期究竟修行的一條康莊大道，這就是「以出世的精神做入世的工作」。而這與「由方便入真實」的隱實施權是相互契合、兼容並蓄，最後歸元無二路，也是直通一乘道，這是令人拍案叫絕之處。

上人常自喻是「閉關在精舍」、「閉關在臺灣」，日常作息數十年如一日，而每一日的每一分每一秒又是分秒不空過，其「為佛教、為眾生」而盡形壽、獻身命的不言之教，感召全球無以計數的志工與會眾，創造了一項舉世肯定的臺灣愛心奇蹟，這是所有慈濟人更是所有臺灣人的榮耀，即使在所有的國際賑災中仍堅持以「臺灣慈濟」的正名放在所懸掛布條的字粒前端。末學有幸能在新馬兩地執行長職務傳承之後，返臺親近上人，就近汲取法水，在隨師中從旁學習上人的身教與言教，更對這一位慈懷柔腸、心包太虛，且處處悲智雙運的人間大導師有更深一層的崇敬與追隨之心。

《方便與真實》這本書收錄了許多末學的隨師行紀錄與心得。末學也深自惕厲，既然花了許多時間隨師，就要以聚精會神及虔誠恭敬的態度聆聽上人的每一教示。上人說法，雖法隨眾生各得其解，然長期隨師下來，深覺其中自有「依義不依語」、「放諸四海皆準」及「道一以貫之」之絕妙精深之處，印證「法本無法，法無定法」的千變萬化，然卻萬變不離其宗。

有一次我隨師，一群歌仔戲團員十多人進精舍向上人請益大愛台節目《菩提禪心》的製作理念，間中有一段上人對彼等的慈示，上人說道：「假如要我單講佛經，我也可以講到飛天遁地、騰雲駕霧、出神入化、無中生有，但這不是我要講經的方式。戲劇的舞台跟人生的舞台應該一樣，都是真實的生命舞台。所以，戲中的對白也是要口語化與生活化，這樣才會真實，就如戲是人生，人生就是一齣戲。」這樣的道理就如水與冰、海水與浪花的關係一樣，能透澈了解即明心見性。現在地球崩壞，氣候變遷、人心異常，有相與無相都在顯現無常，如果只講兩千五百年前的「如是我聞」，就無法讓佛法生活化了。

值此書出版之際，末學深深感恩靜思精舍德傳師父在百忙中撥冗協助審訂。德傳師父博學多聞，對佛學及慈濟法門有精闢之專研與論述，能一口答應末學之請託給於協助，讓本書的起承轉合及文辭修飾更加流暢，末學實銘感於心。末學也祈願與每一位讀者彼此互勉：人人感恩、事事感恩、時時感恩，感恩人身難得已得，佛法難聞已聞，明師難遇已遇，菩薩道難行已行。如先進前輩們能不吝賜教，末學當以感恩心歡喜接受。

劉濟雨 合十感恩

目次

上篇・靜思法脈不離心

轉識成智 大圓鏡智

二〇一三年一月，中國大陸發生H7N9禽流感病毒，數十位被病毒感染的患者相繼病逝。在這之前，臺灣慈濟本會早已接受海外各分會的報名，參與三月份要舉辦的「全球實業家生活營」，而此次報名的七百多位實業家光是大陸就佔了三百多位，打破往年的紀錄。問題來了，在這防疫的敏感時刻要不要讓這三百多位有心的實業家來，著實讓籌備小組難以定奪。於是一群人進靜思精舍請示證嚴上人，上人在對眾開示中雖未明確表態可否，然卻善巧點出此事在此時間點的影響層面，必須再多加考量，眾人深知上人心思，所以也能知所取捨。因此，就這樣三百多位的大陸學員被告知取消前來參加營隊。

同年五月二十日，全球各分支聯點同步舉行浴佛大典、孝親節、慈濟日等三節合一，而馬來西亞吉隆坡也在室外體育場有萬人浴佛。由於要排出圖騰，所以需要有些志工著淺藍色環保T恤，有些志工則須穿著黑衣。然而事有蹊蹺，五月五日剛結束的馬來西亞全國大選發生疑似舞弊的疑雲，造成反對陣營連續幾天在吉隆坡發動十多萬人的示威抗議活動，彼時情勢是十分詭譎與緊繃，而示威抗議者也都穿上黑衣。示威抗議活動與慈濟的浴佛大典不期而遇，且又都是穿黑衣，這會不會讓事情更加複雜與充滿變數，分會自是與臺灣本會宗教處密切研商對策。

鑑於情勢的複雜與多一事不如少一事的考量，以及參考之前H7N9事件時上人的決策思惟，籌備幹部們揣摩上意，建議取消浴佛大典，如來不及停辦，至少也需換掉黑色衣服，然距離大典只剩兩三天的時間，突然要換掉數千件衣服似乎也是措手不及。茲事體大，最終還是需請示上人。上人慈示說道：「當地的幹部應該比我們更清楚當地的情勢，我相信他們自己可以做出正確的決定，我們就尊重他們的評估與決定。」在座的眾人又上了一課「有所為，有所不為」及「法無定法，法本無法」的生命課程。前後兩個大型活動均碰到類似的問題，上人的決策思惟卻迥然不同，其中細膩的思惟轉折與進退取捨，著實讓人想探究其浩瀚如海、清淨如琉璃般的般若智慧，並期許能從中學習。

心保持清淨如明鏡，心才會像是一面明亮的大鏡子，這就是「心鏡」；這面心鏡可以照見所有的人事物，而且鉅細靡遺無所不照，一切了了分明、無所遁形，這就是「大圓鏡智」。「大圓鏡」這面鏡子很大、很圓滿，沒有一樣東西不照在裡頭，也沒有甚麼照不到的地方，這叫做「圓」；「鏡」就是照的意思。佛智就是大圓鏡智，也是妙智，上至天文下至地理甚麼都透澈，一切了然於心，這不是一般人做得到。「大圓鏡智」是指清淨圓滿可如實映現一切法的佛智，也就是每個人所具有的真如佛性。這真如佛性是清淨無染，猶如明亮的大圓鏡，可映現一切的形像、因緣、過去、未來，可說無所不知、照而不照。

大圓鏡智，照見世事

一般人大多是以分別心或世間法來處理人我之間的問題，所以心就時常在得失、好壞、榮辱、善惡之間徘徊不定，甚至產生種種的比較及計較，可說無一刻的安寧。修道就是在修一顆無分別的心，並以出世的精神去做入世的工作，從世間法中去探求真實法。因此，聖者與覺者的境界是佛不離心，法不離行，這樣的心就如同是一面大圓鏡，它會物來即映、了無遮礙，所以無論甚麼人事或境界現前都能清清楚楚地反映出來，令人洞然明白、了然清明，而且能事來即應、應過即放，隨起隨滅之後又立即回復原來的清明朗照。如大圓鏡一般的智慧在我們的日常生活中有如一塵不染的明鏡，照映出清朗芬芳的人間路，讓我們能在混沌不清或是非混淆的情勢中精確地做出分析與判斷，不但自淨其意，也導正人心。

有一道終身受用的測試題，這個題目問道：你開著一輛車。在一個暴風雨的晚上，你經過一個車站，有三個人正在焦急的等公共汽車。一個是快要臨死的老人，他需要馬上去醫院。一個是醫生，他曾救過你的命，你做夢都想報答他。還有一個女人／男人，她／他是你做夢都想娶／嫁的人，也許錯過就沒有因緣了。但你的車只能再坐一個人，請問，你會如何選擇？相信每一個人的每一個回答都有他自己的原因，理論上應該都是對的。老人快要死了，你不能見死不救，你想首先應該先救他。你也想讓那個醫生上車，因為他救過你，這是個好機會報答他。還有一個就是你的夢中情人，錯過了這個機會，你可能永遠不能遇到一個讓你這麼心動的人了。在兩百個應試者中，只有一個人被僱用了，他並沒有解釋他的理由，他只是說了以下的話：「把車子給醫生開，讓醫生帶著老人去醫院，而我則留下來陪我的夢中情人一起等公車。」大家都知道這是最機智與圓滿的回答，但並不是每一個人一開始就能想到這樣的答案。

當初哥倫布發現新大陸之後，朋友們為他舉辦慶功宴，宴會中有人因忌妒哥倫布的成就而說道：「老天爺如果給我一艘船，我也可以從任何一個港口出海環繞大西洋而發現新大陸。」哥倫布聽後順手拿起一粒雞蛋，一一傳給在場貴賓們並問道：「誰有辦法將這粒雞蛋豎立在桌上？」彼時，眾人嘗試後皆失敗收場，咸認這是不可能的事情。然而，哥倫布拿回這粒雞蛋後，當眾將雞蛋的頂端輕敲兩下讓蛋殼凹陷，就這樣輕而易舉將雞蛋豎立在桌上。他告訴大家：「將雞蛋輕敲兩下豎立在桌上，看似簡單，但在我尚未表演給大家看之前，大家也都是認為不可能，也做不到啊！」現場嘉賓們終於恍然大悟。道理未點破之前人人想不到也做不到，但點破之後卻是如此簡單。然而，看似簡單，實則深邃，關鍵就在轉識成智中有大圓鏡智，因此能照見世事萬象，這不是一般人做得到。

轉識成智，洞察真理

大家都知道慈濟靜思堂的屋頂設計是「人」字形。有一次，我與吉隆坡靜思堂建築團隊一起返精舍拜見上人，因為吉隆坡市政府審核建築執照的官員對慈濟靜思堂的設計圖中三棟建築物的屋頂「人」字形的造型不能接受，認為這是有明顯的宗教色彩。此乃馬國是多元性種族與宗教的國家，對種族與宗教的任何議題都十分敏感，不願碰觸，因此勸我們不要找麻煩，建議我們改為一般沒有弧度的屋頂。然而，有弧度的「人」字形設計又是全球所有靜思堂的設計主軸，更是精神象徵。此事讓建築委員們如遭逢大挫折一般而憂心忡忡，為此我們返臺請示上人。

上人慈示：「我們在每一個國家做慈濟，一定要遵守當地的法律。馬來西亞政府這樣規定，我們就要尊重當地的建築法規，如不能爭取屋頂做有弧度的『人』字形，那就不要有弧度也沒關係。」可想而知，屋頂沒有弧度的靜思堂那不就變成像一間學校或一般的建築物。彼時，大家一陣錯愕，無法相信原本我們認為是很棘手也難解決的事情，而這也應該是一向以來所秉持的靜思堂設計原則與傳統，上人居然一點堅持都沒有，甚至也沒有要我們繼續去和有關當局溝通說服，這麼輕易就讓步，也這麼簡單就解套了。本來我們大家是困擾數月不能解決的事情，上人聽取我們的報告後，幾秒鐘就快速睿智地做出定奪，沒有一絲遲疑。若非大智、大仁和大勇，如何能在此重大議題上四兩撥千金地明確定位方向與取捨？

「大圓鏡智」是清淨圓滿的智慧，不只覺悟在人群，更心包太虛在宇宙中覺悟，因此能以寬廣的角度透徹地照映事理真相，我們實在學不來。返馬後，我鍥而不捨不願輕易放棄，建議建築團隊再跟審核建照的官員盡力溝通，終於心誠則靈，皇天不負有心人，這次換了官員也換了腦袋，居然「人」字形的靜思堂建照過關。證明有些官員會以宗教及種族的意識形態處理事情，就看我們是否有福報碰到貴人，讓棘手的事情迎刃而解。

「大圓鏡智」就是轉識成智，這是去蕪存菁的清淨智慧，能洞察一切人理、事理、物理、天理、地理等等的真理與真相。有再高的學歷或有再豐富的學問，如不會轉、不會用，就還只是在「識」的領域裡。再怎麼會讀書，但卻讀死書，或不能學以致用，則所讀的書頂多是一種理論與知識而已。學佛亦然，學佛千日要能轉識成智、用於一朝。日日月月、分分秒秒都是學佛千日的一朝，更要能在關鍵時刻亂中生定、急中生智，並且能不費周章、不露痕跡，在深藏不露中用而不用、照而不照。

「大圓鏡智」是佛境，不但反照自己，也無所不照。一切天地真理照映於心、了然於心，所以是宇宙大覺者的圓明境界，我們雖不能至，然心嚮往之。

不真不實是迷信 人云亦云是無知

「迷信」會讓人心迷萬境轉，也會迷來煩惱生，心會被外境所轉而難以輕安自在。「無知」會讓人徬徨不定、六神無主而心猿意馬、心生恐懼，所以「怕」就是心中一片空白，對狀況一無所知才會恐怖，對狀況瞭若指掌也有所準備，就不會怖畏。要破迷就要加強正覺，覺來煩惱除，心中有正覺，才能以正破邪。所以，迷信也好，惡念也好，不怕念起，只怕覺遲，只要啟正覺，自然心清智明，對不正知見自然也能洞察虛實、了了分明，不會輕易被邪知邪見影響。要破無知就要加強正知正見，人要心存正見，不要心存定見，無知不是沒有知識，而是知見不正，所以極易造成因偏聽而誤判形勢，也因此經常陷自己於茫然無知的困惑之中，佛家稱此為「無明」。

破除迷信，加強正覺

二〇一二年八月我在隨師時，向上人請示關於建設中的吉隆坡靜思堂即將上樑，是否需要本會安排資深委員前來共襄盛舉，並舉行一個莊嚴的上樑儀式。上人答道：「上樑要有甚麼儀式？時間到的時候，好好地把樑吊上去，並把它放好，這樣就是上樑儀式了！」並說：「不要太執著於形式。」其實，上人也曾派人去某些國家參與當地靜思堂的上樑儀式，然為何對我的請求卻是南轅北轍的思惟與開示，這著實讓人無法理解。之後隨師，在早課中恭聽上人在靜思晨語中開示，才逐漸豁然開朗，終於恍然大悟，也才意會到臺灣所有的靜思堂完工啟用也是沒有任何的啟用儀式，證明上人不重形式的務實精神。

二〇一三年元月，花蓮靜思精舍主堂建設完工，這是深具歷史意義，然完工後隔天上人即升座開示靜思晨語，也是沒有舉行啟用儀式，這就是以身示教日日是好日、時時是好時，自己看方便就是好時辰，這樣才是正信與正念。應以真實法得度者，則以真實法而為說法；應以方便法得度者，則以方便法而為說法。心中還擱捨不下民間信仰者，上人以方便施設祝福他以上樑儀式安定其心，心中能「捨方便，取正直」者，上人以真實法實教其心，這就是「方便不離真實，真實也不離方便，兩者互相搭配就是一種巧妙。然而，同屬民間信仰的燒金紙及殺生普度，上人則急切呼籲慈濟人需身體力行，並廣為宣導大眾須戒除之，此與「尊重生命」及「環保救地球」息息相關，慈濟人須以身作則、以身示教。所以，事情也是有輕重緩急、本末先後之順序，這也合乎佛法重因緣、講次第的基本精神。

迷信的民間信仰流傳幾世代，人們沒有正知正見而人云亦云、以訛傳訛，造成歷久彌堅根深柢固的深植人心難以動搖。學佛者不代表自己就是正信，有者拜佛，有者信佛，有者求佛，正信的佛教徒是學佛，學習宇宙大覺者的慈悲與智慧，並把悲智化為行動。所以說，佛教徒很多，但正信的佛教徒就不多；有愛心的人也很多，但有愛心又有智慧的人就不多。迷信的風俗難除，造成命運不好的人不是怪名字不好就是怪風水不好，亦或求神問卦藉以改運，甚至有些人面相不好就怪父母，命運不好就怪政府，而從不認為是自己的觀念跟習慣不好，或者是自己的努力不夠。所以，命運不好不是改風水或改名字，而是改觀念跟改習氣，甚至還要種好命的因及種健康的因，種如是因才會得如是果，就是「因緣果報」。

因果是你相信就有，你不信的話當然還是有，不信因果會有嚴重的後果。不只是要相信，還要深信，這需要及時把握因緣行善造福，繼之還要福中修慧，這樣才是「內修外行，悲智雙運」。人生要功成名就，只是努力也還不夠，不是很努力就可以賺到錢，福報不夠的人做到死也都賺不到錢，所以才說：很有學歷、很有能力，也很努力，但如果缺少老天爺一臂之力，做甚麼事都會不順利，努力到最後也是功虧一簣、前功盡棄。這個「老天爺一臂之力」指的就是「福報」。福報不是靠求、靠拜而得，是靠自己自耕福田自得福緣，多做多得能捨能得，且是福人居福地，非福地福人居，這就是正信。「惡人作惡卻享福」，這是過去福報太大了，但因為作惡所以也抵銷掉了一些福報，即使抵銷掉百分之九十，他還有百分之十的福報，這個百分之十福報比你還強。「善人修善卻貧苦」，行善造福雖會抵消掉過去生所造惡業，但還未能完全抵消，還有餘殃在，所以從表面上看雖行善造福，但還未招感福報。所以，果報不是這麼容易看透的，不是未受報就以為沒有。

古德云：「君子樂得做君子，小人冤枉做小人。」為什麼呢？因為君子知天命，知道「一飲一啄，莫非前定」。小人很冤枉，拼命的追求，不知道這是命裡有的，努力拚命求得的，還是命裡有的。你說冤枉不冤枉呢？這是指定數而言，一般人都在定數裡，叫做命中註定。其實定數之外還有一個變數，此乃智者運命、愚者命運，所以命運是可以改變的。然而必須內求，而不是外求，向內求就是自轉法輪、自轉乾坤。章嘉大師說過：「佛氏門中有求必應。」但是章嘉大師有解釋，有些人在佛門當中求，求不得，是什麼原因？那是不如理、不如法。若是懂佛理、懂方法，如理如法的求，就有求必應。若是如理如法的求，還是求不得時，這是自己還有業障，必須先把業障消除，障礙沒有了，才能招感福報。所以，命理沒有的，即使去貪也貪不到，命中沒有的財庫，即使用非法手段去取得，最終也將失去。這就是正知正見的正信佛法。

以前民智未開，民間信仰及不正知見到處充斥，然而佛法流傳的第一個一千年尚有正法住世，謂之「正法時期」。正法時期許多有心學佛修道者得以親近正法而紛紛解脫。現今雖民智已開，但相對的也因為物質欲望及功利主義高漲而造成人心不古、世風衰敗、道德微弱，並且知見不正的邪說如恆河沙，因此兩千五百年前，佛陀已經預言佛法流傳的第五個五百年，也就是我們現在所處的時代為「末法時期」，也是「鬥諍時期」。

末法時期也是壞劫時期，此時期大三災與小三災偏多，而天災又始於人禍，蓋因現今人心紛亂、是非混淆，工業家開發耗盡地球資源造成地球反撲而氣候變遷、災難頻傳。鬥諍時期彼此明爭暗鬥、爭名奪利，加上夜叉邪魔及譁眾取寵的邪知邪見蠱惑人心，所以正信的佛法要扮演濁世清流是十分的辛苦與不易。曾有志工問上人：「現在社會亂象叢生，普世價值嚴重扭曲，加上媒體亂源的推波助瀾，慈濟要扮演濁世清流，拚得過嗎？」上人回道：「雖然會很辛苦，難道我們不想拚拚看嗎？」的確，我們每一個人從自己本身做起，盡本分自然就會有本事，盡心盡力就會慢慢看到希望，我們輕易放棄就永遠沒有希望了。所以，現今社會人心亂流如洪水氾濫一般，然只要還有來自四面八方的涓涓清流，則終有一天也會滴水成河而百川納大海，由小小的清流變為社會的主流。這可以從幾年前中元普渡時民眾大燒金紙及宰殺牲畜祭拜，到如今風氣逐漸改善，獲得印證。

有一次，我陪馬來西亞幹部請示上人，關於吉隆坡馬大醫院要與慈濟合作推動模擬手術。上人開示：「國外與臺灣是不同的國情、宗教與觀念，雖然佛教徒很多，但正信的不多，要打破民間信仰的迷信不易，尤其一些法門的信徒常認為人死後多少小時內不能移動大體，這都會造成模擬手術在人死後必須立即處理大體的做法造成阻礙。我在臺灣推動都不易了，何況是師父不在你們那裡。」並說：「至今有兩件事情我還是時時會擔心：一是大體捐贈；另一是骨髓捐贈。一個是勸人捐大體，一個是勸人捐骨髓，都非常不容易。活人都幫不完，何必把錢花在這個地方？」這是對不同國情的馬來西亞及其志業推動的先後緩急之精闢見解與思惟，充滿遠見與睿智。

很多人過年過節都習慣燒金紙來祈求保平安、發大財，上人殷切呼籲並開示：「燒金紙如果可以保平安、發大財，那賣金紙的老闆何必把金紙賣給別人？留著自己燒就好了啊！那些先進富有的國家人家也是沒燒金紙，還不是那麼富有！」所以，有沒有燒金紙跟保平安、發大財是無關的。燒了也是白燒，不但浪費錢，也製造汙染，不如將燒金紙的錢拿去幫助人，這樣更務實，這樣的觀念也是正信。上人開示：「不是求佛，求消災、求延壽、求功德、求健康、求智慧、求子等等。假如過去沒有存糧，沒有造福，再怎麼求也是求不得。」

募心祈福，去妄歸真

隨師的時候，有一次一位海外返臺的新進志工在與上人分享該國的慈善活動過後，欲告假離開之際，突然向前跪著傾身朝向上人，並說道：「請上人為我加持。」現場大家都對他突如其來的舉動感到一陣錯愕，上人如如不動說道：「在慈濟不講加持，講祝福。」並說：「在菩薩道中所付出的就是對自己最好的加持。自己就可以替自己加持，不必靠師父。」這就是正知正見。

也有一次隨師時，一群返精舍精進七日的南部某分會志工團隊，結束前一天下午，大家一一向上人做心得分享。其中一位師兄向上人說道：「我家師姊跟我說，如有甚麼事情很煩惱，只要祈求上人，上人就會托夢給你。所以，有一次我就夢到上人托夢告訴我：要把握慈濟因緣趕快做。」上人幽默回道：「我從來不知道我有去過你家。」

二〇一二年年底，美國東部紐約州發生桑迪風災，彼時，上人每天早晨親自主持跨國救災視訊會議，由於災情十分嚴重，又正值美國總統大選，因此災難新聞被大選的新聞蓋掉。在評估災情之後，上人發動美國志工走入街頭募款募心準備賑災發放，然幾天下來募不到十萬美金。那時正巧大風雪來臨，上人幽默開示：「美國就是常常有大風雪，天寒地凍，所以人心也比較『凍酸』。」眾人一陣莞爾。

彼時，我自告奮勇請示上人：「既然賑災發放需要用到那多善款，可不可以讓新加坡及馬來西亞志工繼美國之後率先走入街頭募款？」上人慈允之後，我立即去電新馬告以此難得的付出機會，兩地立即召開緊急會議研商進行的方式。幾個鐘頭後彼等也立即來電，但卻告以會議中眾人異口同聲懷疑地問道：「這次美東風災的新聞被美國總統大選蓋掉，新馬很多民眾甚至不知有這個災難，加上美國是有錢的國家，所以評估起來發動街頭募款可能效果會不理想，這樣是否還要做下去？」時我正與上人一起，立即請示上人，上人回道：「就是因為這麼大的災難還有很多人不知道，我們才要走入街頭去宣導，我們創造機會讓有心人去付出愛心，募多少錢不重要，重要的是要募心。」並說：「救苦難的人比較容易，大家也比較願意，然而救落難的有錢人也是很有意義。」這是智者真言，令人啟發良多，開示裡頭的正思惟就是一股正念與智信。

當年泰國曼谷發生世紀大水患時，我正好在精舍隨師，上人對參與視訊會議的跨國眾師兄師姊的救災思惟也提出智慧見解，上人慈示：「不要透過災難宣揚慈濟，千萬不要有這樣的心念。災難發生時有沒有跟總理、部長、省長、或市長見面不重要，最重要的是跟災民見面，去膚慰他們。災難之際要定國安民，這時候最需要的是慈濟正確的救災理念。」這樣的開示也是讓人學習良多。

行善造福是妙有，是有形的；行善之後不執著、不計較、不掛礙，這是真空，是無形的。不真不實是迷信，所以才要真人真事，也要合情合理，這樣才是合乎真理。人云亦云是無知，所以不要以訛傳訛，別人有所誤解而說法不對，我們有緣就及時給於導正，無緣就自我警惕做到「和而不同」，也就是可以與人和睦相處，也能合群，但還是要有自己獨立思考及判斷的智慧。人生如果要做到不迷信、不無知，或避免妄知妄見而去妄歸真，就要努力學習「心不離佛，行不離法」這樣才是正知正見。

有為法是事相　無為法是真理

有因緣造作之法，叫做「有為法」，無因緣造作之法，叫做「無為法」。「為」是造作之意。「有為」就是有生有滅、有來有去；「無為」就是不生不滅、無來無去。有為法有形，是事相；無為法無形，是理體。一切有為法，皆是仗因托緣而生起，如果沒有能生之緣，或有因而無緣，則終究不生，所以才說「法不孤起，仗境方生」，這個境就是緣的意思，意即有因也有緣才會造作生起一切法。

二〇一三年六月，上人在全球董事會中祝福全馬來西亞慈濟據點能做到「百萬菩薩大招生」，亦即一年內要接引百萬新會員。上人開口必有其因緣，因此全馬慈濟人將此祝福當作一項大禮物，歡喜信受。這個百萬就是個世間法，它不是目標而只是個過程，是上人對弟子的善巧權教，它是有量的數字，所以是有形的有為法。真正的目標不是百萬而是無量，無量因為無形，所以是永恆不變的無為法。因此，百萬是事相，無量是真理；百萬是世間法，無量是出世間法，兩者互相搭配就是一乘法的「隱實施權」。這告訴我們一個道理：能發心立願，則百萬只是個小數目；不敢發心立願，則區區一千也是個大數目。有心要做，則百萬不難；無心要做，則一千也難；有心要求法，千里之遙也不遠，無心要入法，近在咫尺也都遙不可及，鑑真和尚七度東行求法的精神就是給我們最好的學習。其實，即使百萬做到了，也不著相在這樣的目標達成，充其量僅能說是階段性目標的方便施設，真正的目標是「虛空有盡，我願無窮」。

上人言：「有為法是妙有，無為法是真空。」百萬就是「妙有」，無量就是「真空」；百萬是緣起，無量是性空；百萬強調的是要去付出，無量強調是無求，從有為的妙有進入無為的真空，這就是付出無所求，意即「緣起性空」。然而，這樣的妙有是「有而非有」，這樣的真空是「空而不空」，因此空與有也是不二。《心經》云：「色即是空，空即是色」即此意境。有為法與無為法也是不二，離開有為法就沒有無為法，離開無為法就沒有有為法。同理，沒有世間法就沒有真實法，沒有真實法則世間的方便法就會偏差。只強調出世的精神，但沒有做入世、入人群的工作，會流於理論化而沒有生活化。有為不妨礙無為，無為也不妨礙有為，二者可以同時並存，這是中道實相的道理，也是無漏的實相。此就如沒有煩惱就沒有智慧、沒有汙泥就開不出蓮花，沒有苦盡就沒有甘來，沒有海水就不起浪花，間中的微妙就在於一體兩面、兩者不二。

有為妙有，無為真空

現在許多慈濟人響應上人呼籲「晨鐘起，薰法香」，每天早上早起精進入法。有些人雖有心要去靜思堂做早課，然苦無交通工具，因此就有志工發願成就別人，每天開車負責接送無車卻有心要薰法香的法親們。奧妙之處從中產生：負責接送的人偶有懈怠之心想休息一天，然想到有人在等他接載，因此不得不還是要出門。而被接送者也是會偶有懈怠之心想休息一天，然想到有人會來接她，因此也不好意思不出門。在此情況下，大家互相鞭策、彼此成就，結果這輛接送的車子每天都準時載大家出席早課。

有些學校會以洗廁所來懲處成績不好或行為不良的學生，然花蓮慈濟小學的學生必須表現良好者才有機會洗廁所，這猶如十多年前馬來西亞馬六甲的教聯會老師帶領該校學生前來分會的環保站，做環保資源回收與分類的工作，條件就是參與的學生必須是表現良好者。這些都是逆向操作的微妙法。所以上人說：「推動慈濟志業將有為法與無為法搭配運用，這也是一種巧妙，用在人群中與生活中即成妙法。」

「開經偈」要開啟慈濟大藏經。現在上人暢演《法華經》，這個法華教理是無上甚深微妙，其精神層次極其深奧難懂，然而卻是究竟之道的一乘教法。如要信受奉持正法，就不能陷入知見的稠林裡，去執著那些虛妄法及類似法。聽他講起來好像很真實，再用心仔細聽卻是不究竟，甚至似是而非。看似類似，實非正式；看似真實，實則虛妄。要入真實之道見聞正法就不能「深著虛妄法，堅受不可捨」，尤其要警惕自己「切莫疑法自障礙，莫效五千退席人」。唯有捨離妄知妄見與定知定見，也能放空自己，這樣才有可能接近真理而悟入真實義。

若能明心，外道經典都是正法；若不明心，學佛多年還是外道。甚麼是「外道」？心外求法就是外道。心外無佛也無魔，心外無法也無道；心外求法無法可求，心外求道道必難會。甚麼是外道：很愛行善，但是也很會障礙別人行善；很會布施，卻也很愛計較；很會付出，卻無法成就別人；雖入佛道，但私心很重、心無正念，有這些現象都叫做外道。佛陀在世時有九十六種外道，這些外道很容易辨認，但佛門裡面的外道就很難辨認，因為他說的也是佛法，然而只要我們智慧夠，自然可以明確分辨他講的是真實法還是類似法。學佛如果不懂得回歸清淨的本性，也算是外道。外魔其實沒有多大的力量，最可怕的自己的心魔，所以高僧大德一直提醒我們須隨時往內自照、往內自觀，並強調「佛法往內求」，這自有其深邃的意涵，值得我們省思。

從有形的事相中去透徹無形的真理，才是一邊做著凡夫的事情，一邊朝著聖者的境界邁進，這就是菩薩道的精神，謂之「轉凡成聖」。有為法雖如夢幻泡影，但不藉著它也很難探索無為法，所以才說有為與無為也是不二，必須互相依存，此猶如法脈中有宗門，宗門也不離法脈，兩者無二，不取兩邊，最終歸一，此「一」即「一乘法」，也就是「法華菩薩道」。要探求無為法則必須行於菩薩的真實之道，真實之道就是人間菩薩道，它是在時間、空間、人與人之間，所以也必須從走入人間路之際，以各種真人真事、合情合理的事相去印證佛理，如此才能讓人有所理解。

人生是苦及生命無常也是有為法，苦跟無常都有來有去、有生有滅，在生住異滅中循環不止，所以是有為法。但如能身病心不病、身苦心不苦，甚至以苦為師，這樣妙用苦境當作助修，將很苦轉化為很感恩，將很辛苦轉化為很幸福，或將很討厭轉化為很歡喜，這就是一種性靈的提升，就是無為法。人群中做人處事難免會有人事問題或人我是非，這是凡夫團體的現象與事相，有起之緣，也有滅之時，所以是有為法。然而，如能將是非當教育，把人言可畏妙用為人言可貴，或將隨心所欲妙轉為隨心教育，這樣就是透過事相去徹悟實相，並將之提升成為智慧妙法，這個道理就是無為法。

若把人事或是非當作煩惱，那就是落入有為法的事相中；反之，把它當作教育，則是徹悟無為法的真理。本來覺得人生很苦，後來走入人群、深入苦難之後，發現還有人比我們更苦，這才學習到見苦知福，也因比上不足比下有餘而生起知足與感恩之心。從此以心轉境、以念轉運，即使還有苦，也能苦而不怨，且吃過苦方知樂，心念能這樣轉折就是「自轉法輪」。法輪轉，則心輪轉，心輪轉則智慧生，當下離苦得樂，這就是將苦、集、滅、道的四諦生滅法轉為一乘真實法，也是從有為進入無為的微妙法。

隱實施權，實事求是

隨師時，有一次上人對眾開示說道：「佛初轉法輪的時候，尚不能暢演本懷大乘法，只能說妙施權小乘法，就用四諦法將苦、集、滅、道去結合人、事、地、物，透過有為法苦、空、無常、無我的人間相，去深入探求及解釋無為法的道理，這就是在說一乘妙法，也就是轉最大法輪。」所以，慈濟修行法門也是巧妙地將有無法與無為法交互運用，這就是「妙智」。

許多國際救援團體包括聯合國人道救援組織前往非洲發放生活物資，載送物資的卡車一到，總是人潮洶湧，大家搶成一團，發放的人也不敢下車，就在車上拋擲物資。但慈濟在南非、辛巴威、史瓦濟蘭、賴索托，以及莫三比克的當地志工定期在貧窮的村莊發放，發放現場是村民們整齊列隊、井然有序，與志工們彼此以感恩、尊重、愛的方式互動，如此發放現場的人文氣息營造，當然是志工們在發放之前經一番苦心給於心靈教育而有此情境。

二〇一三年八月，莫三比克的慈濟人舉行米糧發放，發放前幾日，志工們攜帶一台小電視，到不同村落舉行宣導教育，讓村民們了解慈濟在許多國家的發放方式，以及購買米糧的善款來自全球有心的慈濟會眾的粒米成籮，也讓民眾了解還有許多人比我們更窮苦、更需要，所以領米的時候不要爭先恐後，更不要搶。發放儀式中再度提醒村民們，領米之後所煮的第一餐飯也請分給左右鄰居一起享用。發放過後，開始鼓勵村民們，不要等人來救，自己就可以救自己，因此大愛台的新聞畫面也才有當地村民投入志工行列，參與訪貧工作，上人在開示時說道：「這是令人感動的窮人救窮人，給的物資雖有限，但所給的心靈道糧卻是用之不竭。這就是人文精神。」並說：「佛法在莫三比克等非洲國家大轉法輪，也大轉心輪，這就是無住無為的『無為法』。」

筆記本來自紙，紙來自紙漿，紙漿來自樹木，樹木來自山林，這整個過程中，還是來自最開始的一粒種子。我們雖然看不到也感覺不到，但這不會影響這個道理的存在。撒種成樹至眾樹成林是始末過程，也是事相，所以是「有為法」。然而，其中所蘊藏「從無生有，從有到無」的成、住、壞、空就是天地萬物的道理，這是「一即一切，一切即一」的佛法真諦，也是《無量義經》所云：「一生無量，無量從一生」的真實法，這些道理永恆不變、不生不滅，所以是「無為法」。

人群中修行也是需人治與體制雙軌並行，所以才會用世間法在不同的人身上冠上各種不同的頭銜，以佛法的角度來看，這些頭銜就是一種名相，也是假名相，其實也是代名詞。由於名相與權力是互相依存，所以佛法才警惕我們頭銜是一種假名相，執著它就會落入著相的煩惱，而且諸法皆空，最後也是一場空。一些道德崇高的古聖先賢有「薄帝王將相而不為」的傲世風骨，這就是不著名相，甚至棄之如敝屣。然而，沒有名相也很難建立體制，畢竟在人間做世事還須用世間的方便法。在此情況下，只要我們稍一不慎，很可能會以自己的頭銜頤指氣使，深信以自己的權力就可以掌控一切，造成權力的傲慢，這樣就是「認賊為父」，這與修行之路是背道而馳。所以，以自己的頭銜與權勢去勉強別人服他，如此只是執著於事相，能以德服人才是進入無為法的境界之中。

凡夫看到喜歡的就想佔有與享有，覺者看到喜歡的是心生珍惜與感恩。所以有時候同一件事情，凡夫看到的是有為法，覺者看到的是無為法。有為與無為也是一念之間，然而這一念卻是要千錘百鍊與千雕萬琢之後才能產生，這個錘鍊與雕琢的經歷與磨練就是修行的過程，這也是要自己走入人群才會有所得，以佛法的角度來講，這就是行於菩薩道上。行菩薩道要修六度萬行，這需要具足信心與願力，因為不簡單，所以才說是『難行道』。如果要難行能行，則非得要同步勤修六度波羅密不可。廣欽老和尚開示得好：「做得要死，就是很賣命做事，這表示『布施』；拚了最後一口氣也在所不惜，這是非常『精進』；結果又被人嫌，這就是修『忍辱』；人家開口嫌，我們心沒有動、難過，這是修『禪定』；沒有動心、動口對他回嘴，這是『持戒』；如果想得開，將那口氣壓下來，這表示『智慧』。這就是六度總修。」

凡夫機鈍障深，做起事來自然是處處關卡，然而重重關卡皆不是別人所給，而是源於自心所造。二〇一三年七月我在精舍隨師，間中有一天上人在靜思晨語中開示：「修菩薩道就是要承擔天下事，天下事困難重重、處處難關，且關關難過，但只要心中有法，則關關難過關關過。」所以，心過關，事就過關；心不難，事就不難。亦即：心通路就通、心寬路就寬、心平路就平。人間路要能銜接菩提道，也就是「靜思法脈勤行道、慈濟宗門人間路」，這條路就是菩提道，也就是菩薩道。『學』是經，『行』是道，所以才說：「經者道也；道者，路也。」只是很會學習還不夠，還要學以致用，念經猶如問路，行經猶如走路，要實際去走才會到達目標；要實際去做，才會有所體會。這段精闢開示直指大乘佛法的義理所在。意即，修行之道需從有為法的事相中去印證無為法的真理，雖然分別說三，但卻是「隱實施權」，雖是方便的事相，然其中蘊藏著實相。

「實事求是」的「事」就是事相，「是」就是道理，意即：藉著實際的事相，去探求事物的本質及其不變的真理。所以「實事」是有生有滅的有為法，是事相也是方便法；「求是」是不生不滅的無為法，是道理也是真實法。「實事求是」講的是透過世間的真人真事，去探求實證的學習態度和方法，這也是不離實相與真理的追求，及與時並進去融合科學與科技的精神，所以也是帶領我們由方便入真實，這樣才是務實。

經典語言也是一善巧方便，用以表達教義中深奧的思想。所以，讀經也是要能深觀，若只拘泥於文字，就會看到一些虛幻、神通而無法理解的種種描述，這樣就無法領受經中給我們的真正含義。古人為了表達對佛陀的崇敬，有時會以近乎絕妙虛幻的方式形容佛陀，這是以生動的文字與意象，去描述難以理解的觀念，所以上人才說要真人真事、合情合理，才是讓人可以聽得懂也做得到的真理，這也是要有「實事求是」的精神。

佛陀本生故事中，譬如割肉侍親，述說佛陀在過去生是一個小國的王子，年僅七歲，在跟隨父母逃避戰亂的途中，因缺乏糧食，國王本來想要殺王后食其肉以保全自己和孩子的性命，但是王子認為世上哪有孩子吃母親的肉活命的道理？於是沿途割取自己身上的肉供應父母止飢。如此的記載，上人覺得不合常理，所以上人在講述類似的佛典故事時，會用緩和的敘事方式轉化不合常理的部分，這些敘述與現在留存的佛典經文有出入，但若要以這般血淋淋的敘事表達佛陀的慈悲心，實為矛盾與衝突，聽法者也會感覺虛幻而無法理解。

佛陀本生故事裡也有一段是描述「投身飼虎」。述說佛陀的前世有看到一隻母虎飢餓難耐而欲食虎子，佛陀就把自己捨身餵母虎，有人認為這就是佛陀的偉大之處，但是上人卻說：「道理一定要講得讓人聽得懂、做得到，也行得通，才是真道理，只為了一隻虎而捨身，此舉無法讓人做得到，這樣道理就中斷、行不通了。」這是上人以真實法教誨慈濟人的務實之處，必須理事相應也相通，也必須悲智雙運，不能暴虎馮河、有勇無謀，也不能奮不顧身而不顧一切，否則會變成匹夫之勇，斯如此則難以成事。

探求真理，心法一體

隨師時，有一次上人針對一些慈濟人不顧一切投入做慈濟而對眾慈示：「為慈濟不顧一切付出，這種『不顧一切』，必須注意二點：一是自己要平安；二是要顧好慈濟形象。」以上的佛典故事與開示也印證了一句「靜思語」：處理事情，必須將理性蘊藏在感情之中，亦即「外圓內方」；與人交往，必須將感情置於理性之上，亦即「隨方就圓」。感性與理性兼具與平衡，兩者並駕齊驅、左右逢源，這樣就是悲智雙運、圓融無礙，這樣也是「真實義」。

有一次隨師，上人對即將前往北京參與佛教論壇的團隊開示說道：「要把佛法化為行動落實在人間，不要吟詩作對、佛言佛語，因為來不及了。如印尼當初種族暴動，我們把佛法妙用在當地，以愛止恨幫助不同宗教、不同種族的人，現在已是種族和諧、安邦定國，這就是佛法生活化。南非也是如此，祖魯族志工用慈濟法去關懷愛滋病人，剛開始給照顧戶生活物質，慢慢地改為給他們心靈的道糧，這是令人感動的窮人救窮人，而且充滿智慧。菲律賓也是，透過災難進行以工代賑，災民不能只是一味等待慈濟的援助而造成長期依賴，自己也須站起來，所以現在菲國的水災或風災中，已見原本手心向上的災民如今經過培訓後變成手心向下的志工，這也是安邦定國，更是在大愛的行列裡『人間菩薩大招生』。論壇就是要論這些，而不是在理論上及研究上打轉。」此開示中所顯示的道理，就是有為法與無為法的搭配運用，也是微妙法。

二〇〇八年五月大陸四川發生大地震，近七萬人往生，傷者與失蹤人數超過五十五萬，當時慈濟在第一時間投入大規模的跨國救災，臺灣志工團隊長期以接力方式不但救災，還要膚慰並啟發人心，所以救災的前段是膚慰心靈、重建家園，後段至今則是志工種子的培訓與志業落地生根，上人以此慈示教育弟子：「救災的前段是『造福的良能』，後段是『智慧的良能』。」幾年後的二〇一三年四月，四川雅安再度遭逢地震，這次臺灣團隊不需過去，取而代之的是四川的本土志工團隊已然成形，自己就可以救自己的災難，這樣的剖析與觀察就能窺其一般而知其全貌，深刻了解上人的遠見與宏觀，及其深邃的的救災理念與智慧。這也是有為法跟無為法交互的一種巧妙，因為其中蘊藏著智慧與巧思而產生無量的妙用，所以也是不離真實法。

《金剛經》有云：「一切有為法，如夢幻泡影，如露亦如電，應作如是觀。」這是非常有名的四句偈，也是非常強而有力的警句。此外，《心經》講「照見五蘊皆空」，也是相同的道理，我們時時以此自我警惕，就比較容易把自己的分別與執著打掉。有一次，我們一行人隨上人行腳至南部，一位隨師的師姊稟報上人一則消息，告以某一個國家的政府頒發一個獎項給該分會的執行長個人，這位師姊語帶不平地向上人說道：「為什麼不是頒給慈濟團體？而頒給個人。」上人立即當眾慈示：「任何國家頒給慈濟無論是團體或個人的獎項都是有為法，不必太在意。」所以，有形的有為法是有生有滅、來來去去，最後終歸諸行皆空，不必隨之起心動念。反而要在意的是其中所蘊藏的真理因為無形所以我們容易忽略，這才是要用心探求之處。

有一次我在精舍隨師，上人應機說教：「不是成立靜思書軒就可以傳法脈，也不是推動讀書會就可以入法，不能只是有一個形象或事相而已，就像一般人蓋廟一樣。而是需要自己真正深入法脈、體解法脈，心中有法也行中有法，這樣『心法一體』，自己先做到了才能傳承法脈。」其實讀書會也是一樣，不是有參加就好，而是要用心深入，務求觸類旁通，並學以致用，與實務及生活全然結合與印證，期許能做到佛不離心，法不離行，這樣才是真正的入法。上人在大家還不想讀書的時候就善巧推動入經藏演繹，從中用心良苦讓大家培養讀書的習慣，等讀書會紛紛成立了再進一步警惕大家；不能只是為讀書而讀書，甚或讀書沒有要領而讀死書，造成所讀之書不能派上用場，這樣只是一個形象跟事相而已，就很可惜了。

《納履足跡》有一段提及上人對有為法與無為法的開示，讓我們更清楚了知上人的思想體系及精神層次。上人言：「佛法是應萬法的真理，『無為法』是看不到也摸不著，是恒常存在的道理；『有為法』則是以知識分辨之後，從心念驅使行動而拓展的一切有形有相的事物。若要依自祖師大德對佛教名相的解説論述來述説無為法與有為法，總是會解説得很深奧、讓人無法體會的境界，既然無法體會也就難以實踐。其實，法就是引導我們做事的方向和方法，能説得通、做得到，才能用法來度人。佛陀説法時使用的語言，必然也是使用出生地使用得最廣泛的語言。無論是佛入滅後三個月的結集，或是百年後、三百年後的結集，口口相傳的佛法，必然會有漏失錯謬之處。就像是現在大家整理我所説的話，聽音稍有偏差，文字記述就會發生錯誤，或是不熟悉閩南語用詞者，也難以理解我真正想要表達的意思。」

隨師時，有一次上人對一群資深幹部慈示：「生活中的小事都是修行中的大事。我也不知道你們有甚麼問題？也不知道你們會碰到甚麼問題？但是，我只知道要給你們真實法，有了正法就能解決任何問題。」並說：「慈濟人用心付出無所求，我除了感恩之外無以回饋，所以只能帶領大家入法，這是我最大的心願。」這是上人殷切期許人人法脈入我心，宗門入我行，更要在有為法的事相中展現無為法的形象。已聞法，卻不行道；已行道，卻慢慢來，上人提醒慈濟人，如是這樣，那就「無法度」了。

深著虛妄法　堅受不可捨

佛法流傳至今已兩千五百年，前面一千年有正法住世，是「正法時期」。此時期，大部分的人都正法入心，也能如法修行，所以解脫的人很多。最後五百年也就是現在，是「末法時期」，因屬五濁惡世，所以也是壞劫時期。末法時期不但天災人禍偏多，且佛法已經在人們的心中漸漸褪去，被人們遺忘，已經被人我是非、意念無明漸漸佔去。這個時期是非混淆、人心險惡、道德頹喪、世風衰敗，雖然物質先進、科技昌盛，然而人們的精神逐漸失去依怙而往下沉淪。

佛教雖有興衰的時刻，但正法的真理是永遠存在的，並不因時間而有所改變，此所以濁世中尚有清流之故，意即雖值末法，但不失正法。蓋因正法就是真理，而真理也是「無為法」，是不生不滅，是永恆的。二〇一三年六月，上人在首度舉辦的全球負責人營隊中問大家：「現在是不是末法時期？」現場三百多位資深幹部異口同聲回答：「是。」有人甚至覺得上人怎麼問這麼簡單的問題，上人不也是常常提醒慈濟人現在是壞劫時期，天災人禍偏多，天災更是來自人禍，所以警惕大家要戒慎虔誠、要人心淨化。然而，上人卻回道：「不是。」大家一陣錯愕之際，上人接著慈示：「只要人人心中有正法，就不會是末法。」所以，現在是正法或末法時期，其實要先問自己的心是處在正法或末法。其實，心念正，則所修的法就是正法；心不正，則所修的法就是惡法。

隨師時，有一次上人在靜思晨語的開示中提及，有一些人有緣接觸正法，然卻不懂得珍惜。有些人雖難得有珍惜的心，然卻又因三心兩意不能一心一志而入法有限，蓋因心中仍存著「深著虛妄法，堅受不可捨」，這也是一種執著與放不下，亦即深深執著在過去自己心中存在已久的知見，對自己長久以來習以為常的修練方法不肯捨離與調整，甚至知見複雜也牢不可破。

能聽聞正法是利機上智之人，有些人雖表面上也正在聽聞正法，但由於本身濁障未除、大機未契，所以這樣要正法入心也是很難。

破執滅相，正等正覺

心門不開，正法難入；心門太小，大法難入；煩惱大，心門就小；煩惱小，心門就大。這是比喻根機狹小、心存定見的人，這樣的人要入法極其困難。不只是不要有妄知妄見，更不能有邪知邪見，所以知見不正或顛倒就是一種「見濁」。難捨心中的定知定見，猶如佛陀當年要暢演大乘法之初，舍利弗等弟子難免有人無法捨離聲聞、緣覺的二乘法，自然也是難入菩薩道的一乘法，造成陷入知見的叢林而滿心疑惑，難以出離，這是正法入心的主要障礙。

心無正信正念的人，會因心中充滿負面、悲觀、消極的思惟而難有正向、樂觀、積極的進取心。所以，培養正念的思考習慣，也是日常生活中時時刻刻要做的功課。只要讓正思惟充滿八識田中，自然而然就沒有「深著虛妄」、「堅受不捨」的障礙了，這樣就是「去妄歸真」。人不可能同時想兩件事情，只要想好的，就沒有時間及空間想不好的，只要心中時時刻刻都是提起正念，則惡念及邪念就沒有機會趁虛而入，時時這樣自我提醒，功夫自然見效，這樣起心動念不離正法，佛法上謂之「正思惟」。

學佛難以進步的主要原因之一在於自己不能放下知見及解脫知見，對任何人與事都成見很深而易起分別與執著，以致令所學皆成意識形態上的知識與定見而變成「法執」，這也是一種所知障。慈濟宗門不能離開靜思法脈，靜思法脈則須融入慈濟宗門，法理是歸於靜思法脈，人事是歸在慈濟宗門，兩者齊頭並進就是從有為法中探求無為法，也才是由方便的宗門入真實的法脈，要有這樣的正知正見，就要讓正法入心。

能去我執、我見是一種解脫，也是排除法障的關鍵因素。《金剛經》所云：眾生皆有如來智慧與德相，然皆因妄想與執著而不可證得。就是此意。學佛要學習破我執、滅我相，先破執著再破分別，繼續再破妄想，這樣就是無上正等正覺，這是清淨、平等、覺悟的意境。執著就好比是風，我們可以清楚看見被風吹起的沙塵跟落葉，也就是很容易看到風造成的現象，但卻看不到風的本身。同理，我們可以看到執著的現象，但卻看不到執著的本身，這也是為何固執的人都不會承認自己是固執之故。

「有眼的人看得見，盲人看不見」這是凡夫俗子的見解。以佛智來講，有眼的人看明與盲人見暗，兩者並無軒輊。其實，見明與見暗都是見性的功能，真正的見是心見，而不是眼見，是用心眼看，不是用肉眼看，是用法眼、慧眼、佛眼看，而不是用肉眼看，這樣才能入實智而見實相。凡夫稱為「心」，聖者稱為「性」，心與性是理體，眼與耳是功能，所以，上人說「用眼睛聽，用耳朵看」，意思就是「用心聽」與「用心看」。

看到冰就知道是水，看到浪花也是水，看到燒炭就知道是木頭。看到別人意外就會覺醒人生無常。看到有人正在糟蹋折磨自己的身體，就知道終有一天這個人也會被自己的身體折磨。看到別人難看的臉色或不好的聲色，不要馬上就起心動念，不要自己先對號入座認為別人是故意的，而要善解是否別人心情不好，是自己倒楣去看到。即使別人是故意的，我們也須隨緣消舊業，看看或聽聽就好，不要放在心上。心空無見、平淡清淨，夜間自無亂夢與惡夢，修行到這般天地，就是遠離顛倒夢想，也才是善待自己。須隨起隨滅而不置心中，也才是見人就見性、見事就見性、見物就見性，這樣就是「明心見性」。

用心聽法，謹慎實行

有一次，上人在開示中問大家：「聽法要用一隻耳朵聽，還是用兩隻耳朵聽？」結果正確答案是兩個都不對。上人解釋道：用一隻耳朵聽會一知半解；用兩隻耳朵聽，會右邊進左邊出。所以，還是要「用心聽」。用心聽，有疑問的部分持保留態度，有信心的部分謹慎地說出，這樣才不會造成誤解；用心看，有疑問的部分持保留態度，有信心的部分謹慎的實行，這樣才不會造成遺憾。

日常生活中我們可以藉一些人事物的示現當作自己的學習與警惕。有一位海外志工，長期受肺部及氣管的宿疾所苦，常常因突如其來的病情發作而影響正常的工作與作息，也因四處求醫無法診斷出病因而讓他深受折磨。因此，眾人皆以業障病為由勸他多行善造福，期待能以福轉業，讓重業輕報、輕報化無。

在幾位志工的協助下，安排這位志工在返臺參加海外營隊之際，順便前往慈濟醫院診斷，在院長與醫師的關心與悉心安排之下，終於診斷出病因，也開立長期服用的藥方，眾人為他感到慶幸，也深深體悟「福從做中得歡喜」以及「自耕福田，自得福緣」的福報應驗。

幾個月後，在上人的指示下我前往該國進行會務關懷。一見到這位志工，我關心他的病情問道：「在臺灣看過醫師之後，病情可有好轉？」他回道：「稍微有好一點。但是我們這裡坊間有很多醫生跟我講西藥不可以亂吃，會影響腎臟。所以，慈院醫師開的藥我只有在病發作的時候才吃，平常我不敢亂吃。」我回道：「你好不容易找到病因也有緣碰到良醫，醫師開給你長期每天服用的藥，你沒有照醫師指示服藥，這樣病怎麼會好？你按時吃藥才是正常服藥，這是預防病情發作，沒有照規定吃才是亂吃藥，等病情發作就是很嚴重了，這個時候才吃藥可能會來不及了。」並說：「如果擔心服藥會影響腎臟，也是要親自問醫師，由醫師來決定如何在不影響腎臟的情況下也把宿疾醫好，腎臟與宿疾兩者兼顧才是上策，不是自己主觀、偏見而片面地停藥。此猶如高血壓患者不每天定時服藥一樣，是很危險的事情，甚至會小病拖成大病而貽誤戎機。不信任醫師，又不照規定吃藥，則再怎麼醫術精湛的醫師也都無法治癒你的病」。

一個人如果心中經常是深著虛妄、堅受不捨，就沒有空間植入正知正見，這樣很容易造成無明障蔽。有福緣碰到善知識，也有機緣碰到良醫，但卻被自己心中牢不可破的定見與成見覆蔽而徒勞無功，這樣就跟無福無緣的人沒有甚麼兩樣。

放空知見，心空無見

印順導師曾自述：「自己剛出家的時候，老和尚總會交代一些你沒有任何可能完成的事，他只告訴你『你去做吧！』當你想盡一切辦法、絞盡腦汁好不容易完成了，興高采烈地告訴他的時候，卻發現他已經把這事忘乾淨了，就好像沒這回事一般。每天你做事，老和尚永遠說你是不對的，總是錯的。他把你所有的信心、所有的自尊以及所有自認為對的定見都給擊得粉碎，讓你覺得非常挫折，非常不盡情理。後來我才理解，這是師父治我們凡夫我執、我慢、習氣的一種訓練，他把你長期以來頭腦中建立起來自以為是，以及牢不可破的東西擊得粉碎，讓你放空之後再產生至情至性，然後把你真正的自信心、真正的智慧從內心深處激發出來。」

看了導師這段自述，令人感同身受。以前我碰到一些明顯別人不對，而我是受委屈或冤枉的一方，或自認在做一件很對的事情，在訴諸或報告上人的時候，上人的處理方式也是讓我甚覺不公平與不盡情理，甚至還會不解。後來耳濡目染接受明師一乘佛法的薰陶與教誨，才恍然大悟一切都是自己的凡夫性使然，造成難以受教。爾後，我開始學習放空自己與不心存定見，才慢慢體悟這是一代大師以睿智教誨弟子的訓練，我們唯有虛心受教、謙卑學習，也能不恥下問以能問於不能，這樣才能將大覺者所傳授的正信佛法照單全收。

佛陀曾經以陶罐來形容四種學佛的人。第一種是「破洞的陶罐」——聽進去的法馬上就漏得精光。第二種是「裂縫的陶罐」——聽進去的法慢慢的漏光。第三種是「滿水的陶罐」——心中裝滿自己的知識、定見、主觀而沒有空間注入正法。第四種是「既不破洞也無裂縫的空陶罐」——隨時淨空自己，所以也隨時可以注入清淨的法水，不但對內淨化自己，也隨時可以汲出淨化別人。其中第三種人就是所說的「深著虛妄法，堅受不可捨」，這樣的人容易恃才傲物、自視甚高，表面上是自信滿滿，實則自滿，心中充滿我見與我執。我們要學習第四種人，第四種人是「放空知見，心空無見」，這樣的人會如上人所慈示：「正法入心、疑悔悉除，即得入於實智之中」，「實智」就是清淨的佛智，入實智才能見實相。入實智之人即使偶有一時的無明，也會大機大用立即將之妙用而無明變光明；即使碰到再難解的問題，也會自轉法輪而問題變菩提，即使偶有煩惱也能應過即放而心上無痕、不置心中。這樣的人因隨時能讓自己保持淨空、心無旁騖，觀察事情或判斷事情不會驟下結論，所以也很容易接近真理。

納百川才能成江湖

有兩個落水者，一個視力很好，一個患有近視，兩個人在寬闊的河裡載浮載沉。突然間，視力好的那位看到前面不遠處有一艘小船，正向著他們駛過來，患有近視的這位也模模糊糊地看到了，兩人便鼓起勇氣向小船游去。游著游著，視力好的那位突然停下來，因為他遠遠地看到，那不是一艘小船，而是一截枯朽的木頭，因此他絕望又氣餒地停下來。但患有近視的那位看不清楚遠方那是一截枯朽的木頭，還在傻傻地奮力往前游，游了好久，當他游近時才發現它竟然是一截朽木，但此時他卻已離岸不遠了。視力好的那位就這樣喪生在水裡，近視的這位卻獲得新生。修行的過程何嘗不是如此。

人生有時候也不必事事都要明察秋毫看得一清二楚，一隻眼睛看別人就好，另一隻眼睛要看自己，這樣才是福慧雙眼。對錯自己心裡有數就好，未必都要講出來，即使要講也要看人緣、地緣、時緣，有緣就共修，無緣就自修；有緣就分享，無緣就獨享，這是人群中修行須自我學習的應對智慧，也才是眼觀四方、耳聽八方，而又能視而不見、聽而不聞的「識時務者為俊傑」。

有時候我們自認為是明察秋毫，事事追根究柢，但在對方的感受上是覺得我們事事吹毛求疵而令人反感；有時候人家所言是真情流露、至情至性，我們卻誤解為心直口快、直言直語；有時候人家是自動補位、主動承擔，我們卻誤會人家是我行我素、一意孤行；也有時候，人家是慎始與慎思而不草率做出決定，我們就質疑是優柔寡斷、缺乏果斷，等到人家做出決定了，又批評別人是獨斷獨行、缺乏尊重。這些都是屬於自己不能空掉自己的成見而以定見去判斷事情，所以容易造成誤判而無法接近真理。最大的聲音反而聽不見，最白的東西反而有汙點，整天穿金帶銀的人不一定真有錢，柔弱的人不一定膽小，糊塗的人也不一定真傻。所以，一個人如果以固有的定見去看事情，就會角度狹窄而看不到真相，所聽到的訊息也會造成偏聽。所以才說：當一個人的心智還未成熟的時候，他即使親眼所見的事情都未必是事實。

「虛懷若谷」是形容一個人非常虛心、心胸開闊，判斷事情絕不輕易驟下結論。聖人的胸懷空虛得好像天地間的風箱，又好似山間的低谷，量周沙界、無邊無際，大而無外、小而無內。所以，他對自己從沒有過自滿，因為低谷容易充滿，而高嶺容易失去，唯有匯小溪、納百川才能成為江海湖泊。這就是「虛懷若谷」的真締，值得我們學習。

修行只是習氣難改

甚麼事都認為自己比別人看得清楚，都主觀認為自己親眼所見就是真相，自己的見解才是真知灼見，以此自認比別人懂，要別人事事都聽他的，這樣的人由於主觀與武斷而處處自以為是，所以也很容易在重要關鍵時刻因無明而看走眼，甚至誤判形勢。唐朝魏徵說：「春雨如膏，農夫喜之，而行人惡其淋漓。秋月如鏡，佳人喜之，而盜賊惡其光輝。」因此，每一件事情都有它的一體兩面，是相對的，而不是絕對的，正反兩面端看自己的一心。自作聰明或自認聰明而容易被聰明所誤，雖聰明一世但卻糊塗一時，佛法上稱此現象為「無明」。人如果心態上經常唯我獨尊，常常自覺高人一等而讓人不敢親近，身邊自然就會缺少善知識，這樣也算是一種欠慧，欠慧也是無明。人一旦無明，就無自知之明，心不清則智不明，盲點自此而生。例如學問、地位、權力大的人容易犯上增上慢，修行團體裡也是一樣。

有些人親近法師久了，比別人多懂一點，資深一點，再加上有一點頭銜名相，雖佛法的知識、道業、理念與經驗增長，然只要稍一不慎，就會在言行間因靠勢而流露出自己不可一世及趾高氣昂的氣焰來。也有些人，只為將活動或事情做得有聲有色，卻因求好心切而在不知不覺中落入疾言厲色中，雖是無心講，但卻重話傷人不自知。這些現象的產生追根究柢還是出自潛意識的我慢心態，很值得我們自我警惕。佛陀對弟子中有人犯上增上慢十分感嘆，有一次在隨師中，上人也是如此感嘆地說道。

有一次，一個據點要籌備經藏演繹，因為演繹裡頭有許多舞台的劇情，因此請了外面不理解慈濟人文的導演來主導而方向走偏了，上人請幾位有經驗的慈濟委員前往關懷與協助。這些委員必須與當地的導演、演員以及據點的籌備團隊互相協調與拉扯，講太輕聽不懂，講太重會傷人，既然來了不講又不行，智慧圓融的不易在此。其中一位委員主導活動時口氣向來有些許強勢，然自己也是很有自知之明，因此自言：「我們來此地協助，也不想跟人家結惡緣。」嘴巴會這麼講也是對自己的一種自覺與提醒。然而，還是會在不知不覺中陷入主導權的慣性迷思中，一不小心而顯露「你們都要聽我的」的心態。其實，我們在無形中顯露自己的習氣自己也不容易察覺，蓋因習氣是習慣的延伸與累積，而積習更是難改，這也是我們凡夫修行的障礙，也是學佛不能進步的關鍵處。

任何時候，只要我們內心有一絲的念頭未掌控好，或心念偏差，不知不覺之中就有可能隨著自己的情緒、口氣、態度、聲色等等顯露出來，傷了一些人甚至斷人慧根而不自知，這樣的現象尤其在人多事雜的大活動中更易顯現出來，所以才說大活動就是大修行與大考驗。每一個人都是我們學習的鏡子，這樣的現象也很可能發生在我們身上，所以很值得我們借鏡，要時時感恩別人的境界示現，更要隨時警惕自己不要做一個輕易就被傷害的人。菩薩道好修行，雖是真實之道的學習捷徑，更是學佛的究竟之道，但不可諱言確實是不容易，所以才說菩薩道是難行道，心行平齊的修行就是難在這裡，而這也是為何上人說：「修行不是『行』難修，而是習氣難改。」真是一針見血。

境相取捨，分別智慧

生活如要過得輕安自在，根本之道必須先放下身段、解脫煩惱，要解脫煩惱就要先學習事事看得開也放得下。放下即解脫，解脫即自在，所以放下我執與我見就是一種解脫。現代人的生活已經很忙碌了，精神就不要再緊繃，精神緊繃之人因神經質而心常牽繫與羈絆，所以什麼事都難以放下，這樣的人要日子過得輕安就很難。對身心有益的就要用心看清楚並牢記心頭；

對身心無益的則看看就好，不要放在心上並立即放諸水流，這是境相取捨的智慧，謂之「分別智」。

「分別智」不是對人、事、物的妄心分別或不平等，而是對輕重緩急、本末始終、應對進退、提起放下等等的拿捏與取捨。以及對需要與想要、原則與圓融、敏銳與敏感、感受與享受、積極與著急、精進與貿進、冷靜與冷漠、自信與自滿、自在與自由、輕鬆與輕浮、放鬆與放縱、隨緣與隨便、目標與目的、放下與放棄、關閉與倒閉、堅定與堅硬、痛快與痛苦、解脫與寄託、運命與命運、學佛與佛學、情操與情結、擴散與分散、投資與投機、務實與現實、神通與神經、威嚴與威猛、天真與無知……等等的智慧區別。

「大是大非易判斷，模擬兩可難取捨。」然而，如能冷靜地分析、精確地判斷，用心地評估，在其細膩處看出端倪，之後再慎重地決策，這樣還是可以做出睿智的取捨，這就是分別智。對任何事不忮不求，付出之後也不希求別人的回報與讚歎，即使付出之際遭人誤解或冤枉也能以平常心面對，也不急著解釋，更不會怨天尤人，這就是「平等慧」。其實，人群中做事有時候難免會碰到進退兩難的困境，但如能發揮智慧去應對，雖「低調處理」，但還是可以「積極進行」，兩者看似互相牴觸，實則可以雙軌並行，最終左右逢源，還是圓滿成事。這就是「做事高調，做人低調」的行事妙法，這與「大處著眼，小處著手」以及「動如狡兔，靜如處子」的人生哲理是道道相通，都是生活的智慧。所以，智慧就是意指分別智與平等慧，道理在此。

心清淨，則所學皆成智慧；心不淨，則所學皆成知見。心清淨，則自然去蕪存菁、去妄歸真；心不淨，則沒事也會自尋煩惱、自惹塵埃。荒蕪的土地長不出好的作物，紛亂的心田開不出智慧的花朵。要有好的作物，地上就不能長出雜草；要有正法入心，心田就不能滋長雜念。「佛入我心，法入我行；法脈入我心，宗門入我行。」這就是佛知佛見。求佛知佛見之道無他，求其「清淨在源頭」而已矣。

果熟自墮 福熟自度

有一位弟子跟他的師父說：「我很羡慕別人有錢，但自己卻得不到，很苦惱。」師父就對這位弟子說：「請你給我一萬元。」弟子回道：「我就是沒有錢啊！」師父說：「去銀行拿啊！」「我銀行也是沒有錢啊！」「那就去領別人的錢啊！」弟子回道：「別人的錢我怎麼領得到？」師父：「所以囉！你只能用自己的錢！這樣你想通了嗎？」這位弟子終於恍然大悟。福報跟業報也是如此，別人的福報是別人自己所造，我們享受不到；自己的業報也是自己所造，別人也無法替我們受報。所以，善有善報，惡有惡報，不是不報，時候未到，這是古人說的，現在要說：善有善報，惡有惡報，不會不報，馬上就到。

自己只能以自己所造之福去轉自己的業，也就是上人常說的「自耕福田、自得福緣」，是說以福轉業。沒有人可以幫我們轉業，也沒有人可以幫我們改運，佛陀也沒有辦法轉我們的業，也無法幫我們改習氣，但佛陀卻告訴我們正確及可行的方法，只要我們心中有入法，行中自然就會有辦法。同理，沒有人可以幫我們覺悟或解脫，佛陀也沒辦法幫我們覺悟或解脫，但卻告訴我們解脫與覺悟之道，只要心中有正法，行中自然就會有妙法。

人生的路並非都能走得很順暢，事情也不是都能處理得很順利，與人相處也不是都能左右逢源，處困境之際而要能迅速脫困而出，有時候雖然跟自己轉念與轉境的功夫有關，然而有否善根福德因緣碰到善知識而接受善知識的一臂之力，這也是十分關鍵的。佛陀曾經對阿難尊者開示：「學佛如果懂得親近善知識，就具足全部的梵行了。」一個人有多少朋友還不是很重要，重要的是要有啟迪我們智慧的善知識，尤其患難才能見真情，朋友也有損友及益友之分，此如同助緣與隨緣，也都有好壞之分。你是誰也不重要，重要的是你跟誰在一起，跟蒼蠅在一起，最後就是找到廁所；跟蜜蜂在一起，最後找到的就是花朵。看一個人的屬性就看他身邊是交哪些朋友。所以，有否福報碰到善知識，以及有否智慧親近善知識，這也會大大影響我們一生的福禍。

善知識的言教與身教足以改變我們錯誤及複雜的知見，也可以潛移默化修正我們的人生價值觀，所以是我們生命的導航師。善知識常常在重要關鍵時刻因一句話而對迷惑中的我們醍醐灌頂，小則讓我們懸崖勒馬，避免重蹈覆轍而走入險境之中，大則一語驚醒夢中人而一念改變我們的一生。就如同佛陀對心存疑惑與不信的舍利弗，以種種方便法鍥而不捨的諄諄教誨，終於讓舍利弗恍然大悟，從聲聞界走入菩薩道。在人群中修行的過程中，自己的「疑悔悉除」與「改往修來」，進而「發心立願」，繼之「勤行正道」，日積月累時間到了，不但是「福熟自度」，甚至「自度度人」。這當中，「正法入心」與「親近善士」是扮演破疑解惑及助道有成的催化角色，其重要性不言而喻。

法不孤起，道不虛行

諸法皆空，但因果不空，一切法皆無自性，皆從緣而生，所謂「諸法因緣生，諸法因緣滅」，凡所有相皆屬虛妄，無其自主性，隨著緣生而現，緣滅而散，因此才說「相由緣現」。萬法雖然離不開因果，但一定要有緣的協助，才能顯現，而這個好的助緣就是正緣，不好的助緣就是邊緣，所以佛法才說「法不孤起，仗境方生；道不虛行，遇緣則應。」，這個「境」就是指因緣。世間一切現象，都是由因緣和合所產生的假相，其本身並無自性，此即「緣起性空」。有沒有道力、功力當遇到事境的時候就能檢驗出是否有真功夫，所以說「遇緣則應」。經云：「觀一切法皆從緣起，無有住處。」不但心無住處，境界亦無住處，境界是心變出來的，所以才說「凡所有相皆屬虛妄」，既是虛妄，哪有住處？六根對六塵就是因緣相續的假相，凡夫就是迷在假相中，迷得久了，造成認賊為父，以假當真，以為是實在的。一切不著相、不分別，一切隨緣，甚麼環境都自在，到哪裡都能隨境而安，能這樣邪魔就拿我們沒辦法。相反的，法弱則魔強，自然是障礙重重，所以上人殷切提醒慈濟人要走入人群、廣結善緣，並從中入法，一旦入法有成自然能以正破邪、以覺破迷，一切煩惱障礙悉消除。

有一次，一本原本是報導八卦及聳動新聞的雜誌社社長前來拜見上人，由於認同上人呼籲媒體要「報真導正」的理念，因而想改弦易轍，徹底改變雜誌的風格，改走清流路線。然而，就如同一個人的改善及一個國家的改革一般，其過程是十分掙扎與艱辛的。原本支持八卦的廣告商流失了，原本喜看八卦新聞的讀者也流失了，而另一方面，喜看心靈勵志叢書的讀者早就把這本雜誌貼上「道不同」的標籤，在這樣兩頭不到岸的蛻變過程中，這位社長身心煎熬，吃足了苦頭，甚至賣屋來貼補辦雜誌的龐大費用。這期間，雖然有財團欲出資收購此雜誌出版權並發行至海外，然而皆被這位社長婉拒，蓋因她不願再看到這本雜誌繼續扮演媒體亂源及擾亂人心的角色。因此，她一年內三次求見上人，期望藉上人的指點迷津能令自己破繭而出、突破重圍，而這三次我都正好隨師在側。

第一次見上人，她心事重重、臉色凝重地告訴上人：「我是培訓中上人的弟子，認同上人期許媒體要扮演報真導正的角色。然而，在臺灣整個媒體氛圍中要扮演清流角色，我感覺自己十分的寂寞，內心也非常的交戰。」上人即慈示：「四十七年來，我推動慈濟這股亂世清流，也是很寂寞。妳要能夠面對寂寞，也要能接受寂寞，日子久了就是一股軟實力。」語畢，再接上一句：「這是師父教妳的真功夫，妳要記住！」

二〇一二年六月正值上人行腳至關渡園區，這位社長再度求見上人，訴說自己發願從亂流轉清流過程中的心力交瘁與挫折。上人對她慈示：「方向已經正確了，對的事就要堅持，不要輕易動搖。」然而，由黑轉白的轉折與堅持談何容易？回去後她依然面對接踵而至的改革所遭受的種種挑戰與磨難。改變路線與風格後的雜誌由於仍處轉型期，因此內容面對「黑的不會看，白的不會買」的窘境，造成銷路節節下降。然而，這位社長依然堅定志向，期望在困境的黑暗中找到點燃暗室的明燈。

二〇一三年一月，上人因歲末祝福行腳來到關渡。其中有一天，這位社長帶領幾位自己的記者前來靜思書軒請購慈濟叢書，希望從中了解如何做清流的報導，將人、事、物做貼切與生動的下筆，以建立自己的風格。彼時正好傍晚時分，歲末祝福後上人剛好有稍稍的空檔，我立即安排他們上樓拜見上人，眾人促膝坐在上人之前。上人親切問候社長，此時社長百感交集，未發一語，然上人知其心事主動開示說道：「好事多磨，要經得起磨，磨久了也會磨出頭！」並說：「在慈濟裡，淨化人心的文章很多，妳可以拿去轉載，並當場清楚告知聯繫的管道。」此時，這位社長喜出望外，找到了勵志與清流文章的活水源頭。機緣也十分湊巧，當晚幾位慈濟不同出版單位的主管皆在場，就這樣順利建立了彼此合作與聯繫的管道。一行人當晚滿心歡喜離開了關渡園區。然而，考驗與磨練方興未艾，接下來的幾個月，雜誌的銷售仍處入不敷出的財務困境。難能可貴的是，社長處此境地仍不改其志也堅持己志。由於雜誌的內容開始轉載慈濟世界真人真事的好人好事，慢慢地，讀者群也在無形之中進行著重組與轉換，因緣自此改變。二〇一三年年中，一位有心的企業家在一個偶然的機緣裡，翻閱了這本脱胎換骨後的雜誌而心有所認同，希望能助其一臂之力，慷慨允諾願意出資協助出版，化解了殘喘已久的財務困境，也自此應驗之前上人所說「磨久了也會磨出頭」的祝福與鼓勵。《靜思語》說：「只要找到路就不怕路遙遠。」就是最佳的註解了。

自墮自度，一念之間

上人曾言：「要趕快接觸善的環境，才不會在外面碰到太多的邊緣，而不是正緣。邊緣不是好的助緣，正緣才是好的助緣。所以，助緣也有好壞，然而助緣抵不過強力的主因。」意思是說：一個人只要在心中種下強力的善念與正念，則自然就會招感好的助緣。同理，心中是種下強力的惡念，則要碰到善的助緣就比較困難了。

有一次我隨師行腳到南部，有一位過去曾因吸毒入獄，出獄後投入做慈濟的志工，藉著自己浴火鳳凰的慘痛經歷與眾分享，他說自己出獄後因一念之間接觸善的環境而有善緣碰到善人，在善知識的啟發之下走出邊緣，這是他走出人生谷底，也自此徹底改變一生關鍵性的一念。其實，西諺「天助自助」也是一樣的道理，唯有自己先站立起來走出第一步，別人才有可能扶我們一把。慈濟有一首歌叫做「阿爸牽水牛」，可解釋為承擔及助一臂之力的意思，強調的是「牽」。但如果自己不先自立自強走出一步而躺在那裡，變成「阿爸拖水牛」，這個就辛苦難辦了，自己不走，靠別人用拖的也不是辦法，這樣也算是無緣，即使佛在也沒有辦法。所以，人生要自墮或自度也是一念之間。

「發心立願」也「勤行正道」之後，不是從此就一路順風，還是得接受人群中各種人事的磨練與考驗。如要出離火宅的唯有一門，更不能頭小身大，這個「身大」指的就是煩惱，煩惱大過發心就是頭小身大，這樣頭過身不過，還是無法出離火宅。人生的磨練與考驗形影不離、此起彼落，考得過就海闊天空，考不過則昏天暗地。

有時候看起來處境很危險，不是外境很危險，而是我們的態度很危險，自己才是最危險的人，自信崩潰就是人生最危險的事情。所以才說英雄可以萬夫莫敵，但不一定可以克服自己。此如同警察身上配著槍械，看似火力堅強，但內心也是會脆弱。信念的堅強與否或轉境的能力強弱是要身心透過人與事的淬鍊，並日積月累才會有所得，不是靠槍或靠吹口哨就可以壯膽。此外，態度散漫也是一種危險，會讓自己隨時陷入危機之中而不自知。

我們可以從電視地理頻道節目中看到，那些容易被獅子或花豹吃掉的羚羊或牛隻，大多是離開群體、心態散漫、身體孱弱又缺警覺性的落單者，所以，危機是自己先造「因」，才得陷入困境的「果」，這其中也有一重要啟示：修行不能離群獨居，或當自了漢，而是須走入人群，成佛在人間。彌勒佛也是修到「智慧第一」，但釋迦牟尼佛比彌勒佛早成佛，關鍵就在釋迦佛具足眾生緣，因為投入人群、兼利他人。

錢財被搶雖不一定肇始於錢露白，但金錢露白卻極易遭惹歹徒的覬覦，這是不爭的事實，這也是被搶的「因」。即使錢沒有露白卻也遭搶，這還是不離因緣果報，他不去搶別人，偏偏就是搶我們，這就是自己過去所造的「因」使然，此乃「諸法因緣生、因緣滅」。被人欠錢不還也是一樣的道理，為什麼他不去向別人借錢，偏偏向我們借，而我們也這麼容易就答應借他錢，卻借得出去還不回來，這也是不離因緣果報。我們必是前世向他借錢沒還，所以這輩子換他向我們借錢也是不還，甚至本金加利息，還得更重，這就是「其來有自」的因緣果報觀。

菲律賓的獨魯萬市遭逢海燕風災時，一位經營超商的華商因風災過後被災民破門搶奪貨物而心生憤恨，心理也因此極度不平衡，認為同為華人的慈濟應該先幫忙華商才是。我在與之互動時即以當年印尼發生種族暴動時，上人明確告訴印尼的數位慈濟實業家，這不是種族暴動，而是長期貧富不均所造成的反商情結，化解的根本之道就是「以愛止恨」。所以慈濟在印尼雅加達「五管齊下」舉行義診、對軍警及民眾物資發放、清掃暴動後的街道、清理塞滿垃圾的紅溪河、蓋大愛屋給數千戶貧戶居住等等，以實際行動回饋社會、利益人群，藉此廣結善緣、以愛止恨，這樣的回饋至今不曾停歇，所以印尼現在是華人與印尼回教徒和睦相處的安邦定國。

因果公平，隨緣消業

我並與這位華商分享，颶風夾帶大量雨水來時，一位來自中國也是經營超商的華商，他眼見颶風夾帶豪雨及海水倒灌進來，與其讓洪水淹毀物品，不如打開鐵門讓左鄰右舍及災民進來各取所需，此事如今還在災區坊間被人津津樂道，慈濟投入救災之際，他也前來協助。上人說，災後所有商店關門，生活物資極度匱乏，飢餓的災民之所以要搶奪生活物資也是情不得已，我們也是需要給於善解與同理。同樣兩人的貨物都沒了，但心境與意義卻迴然不同，關鍵就在一念之間。

了解因果是歷歷不爽，就不會因別人欠錢不還而心有不甘；了解因果絕對公平，就不會因被人欠錢而忿忿不平。同理，街上人群熙來攘往，這麼多人沒生病，為什麼偏偏是我們得這個重病？生病自有生病的因，如果能體解這是現在所受報，乃因過去所造因，如今「果熟自墮」，此乃自然法則，這個道理懂了，就不會怨天尤人，而是從中警惕自己隨緣消舊業，期許自己莫再造新殃，這樣才是正念。

成功的道理也是一樣，要有成功的果，就要先造成功的因。成功不在於你贏過多少人，而在於你與多少人分享你所擁有的，在於你幫過多少人。你與之分享的人越多，幫過的人愈多，付出奉獻的地方愈廣，所結的善緣愈多，這叫做廣結眾生緣，命中多貴人，也叫做有緣走遍天下，無緣寸步難行。不是所有的花都適於肥沃的土壤，沙漠就是仙人掌的樂園；也不是所有的花都適合栽種於爛泥，汙泥就是蓮花的家園。所以，人生的許多成敗，不在於環境的優劣，而在於你是否能培養正知正見，並以正確知見去慎選自己的人生方向，並選對自己的位置也發揮自己的專長。同理，一個人有多笨也並不重要，重要的是要知道自己的聰明在哪裡，這些都需要智慧。

自己是自己最大的貴人，關鍵就在「自信」，自信會產生自力，以佛家來說就是「信根」，也就是「信為道源功德母」，是道業及力量的泉源。信根強自然有力，信根弱而離開人群獨處自閉，很容易陷自己於空虛與失落之中，所以上人經常鼓勵陷入憂鬱與遭逢挫折的人必須走出來接近人群。一些憂鬱症患者因投入人群做環保，轉移生活的重心與目標，在眾人的扶持與祝福中逐漸走出陰霾，這種浴火鳳凰的重生故事在慈濟裡頭是不勝枚舉。

能否成佛的關鍵在於迷或悟，所以才說「佛是覺悟的眾生，眾生是未覺悟的佛」。這個道理徹悟了，淨土就在當下、眼前及剎那。所謂的淨土並不是在靠近西邊的極樂世界，也不是在靠近東方的琉璃世界，而是自淨其心、大徹大悟之後的心靈境界。清淨的佛土是隨其心淨則即現眼前，不是往東或往西去尋覓，所以才說「佛法往內求」。心外求法，無法可求；心外求道，道必難會。所以，一切都是要從「自心」及「自度」做起，這與孔子所說的「君子務本，本立而道生」不謀而合。這種淨土就在自心的思想，就是「唯心淨土」。

《六祖壇經》說：「自悟自度。悟是看清，度是行動。沒有行動的悟稱不上是徹悟。」這與「實踐佛法」殊途同歸，同樣強調須身體力行、付諸行動，這樣才會有所體悟。所以，要大徹大悟就得「悟」與「度」雙管齊下，「覺」與「行」雙軌並行。認清實相之後，就要精進實際行動，這樣才能從一開始的「迷者師度」，最終走入「悟者自度」，也就是所謂的「師父引進門，修行在弟子。」然而，「悟者自度，自度非悟；自度度他，方是真悟。」這又與「自覺是內修，覺他是外行，內外兼修方是覺行圓滿」有異曲同工之妙。

付出是事相 感恩是真理

隨師期間，有一次上人針對前來請示會務的一群資深幹部開示：「既然是出於志願投入慈濟，同修、同道的人假如不與我們合和，或聽到別人在我們背後說是非，要做好事卻遇到很多障礙與困難。這個時候，就要善解他還不明道理，所以要用憐憫心、寬心、耐心來接引他，這樣才是真正達到無悔無怨。在人間做事，難免遭遇人事困難，然只要問心無愧，面對有心或無意的批評責難，頂多一笑置之，做好自己該做的事情。」所以，菩薩道的修練不能只是付出，還要時時長養感恩心；不能只是埋頭苦幹，卻不懂得抬頭看看。

「付出是事相」，事相就是世間法，也是有為法。「感恩是真理」，真理是真實法，也是出世間法，也就是無為法。所以，付出是方便用法，感恩是真實入法。付出很重要，感恩更重要，付出無所求已經不容易了，如還能心存感恩，則入修行的清淨境界。上人以《無量義經》作為靜思法脈及慈濟宗門的最重要藏經。《無量義經》之義理即為「性相空寂、度化群生」，依上人的表述即為「無所求的付出」及「付出無所求」。無所求即為「性相空寂」，付出即為「度化群生」。「付出無所求」即為「緣起性空」。

「緣起性空」從字面上很難理解，即使找到譯注也是難以體會。然而，上人說：「性空就是無所求，緣起就是付出。」付出與分享是宗門，就是入人群的方便法。無所求與不著相是法脈，就是入經藏的真實法。這樣深入淺出就是以方便的權教去做度眾的實教。所以上人說：「多分享就是慈濟宗門，多入法就是靜思法脈。」「緣起性空」就是真實的道理，不著相也是一種無所求，無所求就沒有煩惱，有所求則煩惱隨行，無所求的付出也是一種清淨心的三輪體空。人群中修行要隨時警惕自己不要在人事中著我相，一旦著相就會如明鏡蒙塵而看不清事理真相，佛法上稱此為「無明」。學佛就是要學習「破我執，滅我相」，我執、我見、我相、我慢、我癡等等都是修行路上的障礙，心不著相則對人對事不起分別，謂之「慈悲等觀」。

金剛經所說的「我相」、「人相」、「眾生相」、「壽者相」這些觀念就是人們煩惱的來源。而佛法要解脱人們的煩惱，就是要以般若的大智慧除去以上四種「相」，達到「無我相，無人相，無眾生相，無壽者相」的境界。處理人跟事如果不能隨時保持離相，就易起人我是非而在亂相中走入煩惱的境地難以出離。外若著相，內心即亂；外若離相，心即不亂。離相不是不要相，而是不著相。一切外相皆是自性顯現，是自心所造，所以才說「相由心生，境由心轉」，這個「相」不單指面相，對心來講整個身體就是最貼心的外境與外相，身外的一切也是相，一切相也是有為法。《金剛經》有云：「一切有為法如夢幻泡影，如露亦如電，應做如是觀。」所以，「性相空寂」也是此意。時時把心念照顧好，心悟才能轉萬境，心迷則萬境轉；心悟就自在，心迷就會苦，迷與悟也是在一念之間。然而，轉個念頭是幾秒鐘，但做足準備卻要幾年功，所以才說「法在勤中求」。因此，「精進」在求法的過程中也是扮演非常關鍵性的角色。

悲觀等觀，心悟自在

有一次我隨上人行腳至臺南，早晨陪著上人與臺南慈中校長一起用早齋時，上人對當今社會及教育亂象有感而發：「現代人最欠缺的就是感恩心及責任感。」一由於區區數人與上人一起用餐，現場情境十分靜謐，上人這一句簡短的肺腑之言，看似平淡，實則重味。懂得感恩的人最有福，生在福中不知福的人就猶如魚在水中不知水一樣，魚一旦離開水才知水對生命的重要。人也是一樣，一旦失去才知擁有時的珍貴，就如呼吸困難時給他氧氣猛然一吸，這才知道這口氣的價值連城。躺在病床上兩個月，一旦要下來走，方知舉步維艱，也才知能順利踏出一步是多麼感恩。不懂得心存感恩與事事感恩的人，心靈極易處在孤陋貧窮之境地中，這樣的人做事也好，做人也好，也會充滿挫折與埋怨。所以，懂得把握因緣、即時付出已經很不容易，但這只是停留在世間法的階段，還要能時時心存感恩，不只感恩順境，更要感恩逆境，這樣才是進入真實之道，也才是進入修行的領域。一旦走入菩提大道，自然能心清智明，透徹事理真相，一切無礙。

二〇〇二年我去新加坡承擔分會執行長任務，至二〇一二年屆滿十年。二〇一二年三月底，新加坡分會與本會一同召開年度董事會議。會議中轉達上人期許慈濟志業能加速世代傳承，執行長一職希望能夠傳承于後進幹部，在與會大家沒有異議之下，決定四月一日正式交接。由於「提起用十年，放下只四天」，此舉讓許多志工一時無法接受，也感到訝異，咸認為短短四天的交接期似乎不近常理與人情，尤其分會自十年前的百事待興到如今蓬勃發展，繁雜的行政工作與志工帶動能在四天內順利交接完成嗎？甚至也來不及舉辦一個歡送會。然而，佛法講因緣、重次第，佛法的精神是圓滿與恆順。所以，不順不逆、不起不滅、不來不去，有起之緣必有滅之時，一切都是好因緣，須以平常心對治。緣起就把握當下，緣滅就看開放下，這樣才是隨順因緣，也才能輕安自在。我與這群相處數年甚至有些已有十年的法親們分享自己的心路歷程：緣生緣滅是自然法則，天下沒有不散的筵席，人有悲歡離合，月有陰晴圓缺，有聚就有散，有生就有死，沒有人可以例外。聚散離合與生離死別都離不開生滅法，既然知道會有離開或不在的一天，我們就應積極做好準備，事有準備，心也有戒備，因緣轉變時才不致心存怖畏與空留遺憾，其實對病與死也是一樣的道理。因此，我在新加坡最後的幾年已開始進行發掘人才、培育人才、留住人才、傳承人才等等的布局與鋪陳。

許多屬於地區性的上台致詞或領獎，或代表慈濟與會的一些活動，我刻意婉拒，改為由幹部們輪流承擔與學習，除了志業推動及活動方向與原則須謹慎定位以外，幹部們運用之方法則需因人而異、因地制宜，法無定法只要聽得懂、做得到也行得通就是妙法，我們須給予感恩與尊重，這樣不但給人空間，也才不會做到最後只剩自己一人。所以，懂得傳承的人，愈傳承就愈有空間；不懂得傳承的人，凡事獨攬一身，別人沒有機會，自己也一人難作天下事。這樣的人，由於助緣不多，加上自己不能放手，而愈做負擔愈沉重，也由於心量不大，造成格局很小，以致肩頭與腳步皆沉重。承擔可以加重，但負擔必須減輕，承擔是身體上有形的，負擔是心靈上無形的，學佛就是要學習肩頭可加重，但心頭要減輕。人生及學佛的路如果要愈走愈輕安，就需懂得放下布袋與包袱，放下布袋何等自在，放下包袱何等幸福。

話說至此，幹部們才恍然大悟，之前有許多須代表慈濟上台致詞，或被賦予重任去承擔的活動，是用心良苦的經驗傳承與人才培育。所以，只給四天的交接期也是好事一樁，更能凸顯會務交接是無縫接軌，它不是會議中決定的四天，而是早在幾年前就不露痕跡、不費周章地在進行著宗門與法脈的傳承，如果給個四週或四個月交接，就顯現不出其中的奧妙之處了。人生到底是提起難還是放下難？人們都會說「眾生煩惱不盡誓願斷」，煩惱斷不了是因為放不下，所以理應是放下難。然而，如果是「提起用十年，放下只四天」，這樣說來應該是放下易、提起難。所以，到底是提起難、放下易，還是提起易、放下難？抑或提起、放下皆不易？還是提起、放下皆不難？其實，智慧判斷之道無他，一言以蔽之，求其「法脈入心，宗門入行」而已，這就是心行相應、知行合一的如來真實義。

心存感恩，心存正念

一切法的活水源頭來自我們每一個人的心，而感恩更是總一切善的源頭。懂得感恩的人，會容易知足、知福，進而懂得付出、造福人群；不懂得感恩的人，即使生活可以無憂無慮，他也會時時庸人自擾、自怨自艾。懂得感恩的人，會受人點水恩而當思湧泉報；不懂得感恩的人，即使別人施惠於他，他都會自認理所當然。懂得感恩的人，即使粗茶淡飯也會甘之如飴；不懂得感恩的人，即使山珍海味他也會食之無味。知足的人是常常想到貧窮人家的苦；不知足的人是常常想到富有人家的樂。所以才說「物質生活要比下有餘，不要比上不足；精神生活不要比下有餘，要比上不足。」唯有心存感恩，才有可能知足天地寬；唯有心存正念，才有可能安穩最大利。

二〇一三年十一月底，當我們在菲律賓獨魯萬市救災時，幾乎每隔兩天就會與遠在臺灣花蓮的上人做視訊會議，從中隨時導正正確的救災的方向與理念。有一次，當我們提及當地華商也深受災害，雖其復建能力比起當地貧窮的菲律賓人是強了許多，但有者在災難發生時商店被搶奪一空而忿忿不平，也有些眼見慈濟大規模對災民們如此深入的關懷行動而心理不太平衡，爾後在慈濟發動以工代賑而立竿見影之後，多屬自己開店及開工廠的華商們也陸續開張營業，上人要我們一一拜訪給予衷心祝福與問候，並提供彼等需要的協助。是次會議中，上人對眾慈示：「有再多的錢但沒有人，也是無法推動以工代賑去清理災區，災區街道沒有清理好，華人為多數的商店要怎麼開店？即使開了店但災民沒錢，也是沒人可以買，這樣東西要賣給誰？所以，人是最重要的因素。現在能陸續開店，也是要心存感恩，感恩這些災民們的投入清掃災區。」這是上人給予慈濟人時時心存感恩的機會教育。

有一位七十多歲的慈濟會員，除了年老力衰而行動緩慢之外，身體堪稱無大恙，家中顧有傭人為其煮食三餐並照顧其生活起居，而其旅居在外的子女也輪流返鄉同住與陪伴，在外人眼中這是一個無憂無慮可以安享餘年的幸福晚年。然而，老奶奶沒有能力提起正念，偶有心念偏差時就會怨天怨地，每一次的用餐即使傭人煮得色香味俱全，她都免不了要數落幾句。由於缺乏正確的生命態度，當然很難心存感恩而說出雅言正語去祝福別人，而自己也無法隨時祝福自己。老奶奶經常以「可憐人」、「歹命人」、「沒有用的人」、「等死的人」等負面語言詛咒自己，這是心發壞願也是心存惡念，其實就是變相的自我摧殘，這樣日子當然過得很沉重，沉重就不可能輕安，不輕安就會苦。

接受別人關懷與協助的人要感恩，有機會付出的人或正在付出的人更要感恩，而遭逢逆境或處在紛亂及困頓的環境之中，更需提起正念以感恩心去堅強面對。逆境、困難或挫折是你強它就弱，你弱它就強，成敗繫於一念之間。隨師行中上人曾開示說道：「小根機的人會退一步海闊天空，中根機的人不但會退一步，還會讓一步，上根機的人不但會退、會讓，而且還心存感恩，感恩對方現一個境讓我們學習。這就是不起煩惱的內心境界。」這告訴我們一個道理：退一步海闊天空及退一步、讓一步已經是不簡單了，但這還是屬於世間法，此猶如一個人能做到忍氣吞聲與不計較，這也是不簡單，然而這也是屬於世間法，頂多只能說此人修養很好。然而，如能再心存感恩，感恩逆境也徹底沒有忍的念頭，甚至反過來妙用逆境，這才是了不起的修行功夫，也是進入真實法的修行境界了。然而，上人卻也同時提醒我們：「能退能讓是很好，但有時候還是要當仁不讓，不是甚麼都讓。」這又是一種細膩拿捏與轉折的智慧，提醒我們凡事不能矯枉過正或過猶不及，要隨機應變又不離正法，真是令人有無限的學習。

隨師時，有一次上人對資深幹部說道：「凡夫就是很會執著，讓他負責這一區塊，就執著於這個事情是我負責的，所以我有責任，也要有頭銜跟權力，想要掌控一切。心中常存著『你們都要聽我的』這種念頭，這是凡夫的境界，也是煩惱的內心世界。名稱跟頭銜只是個『假名相』，修行就不要執著這樣的名相。」並說：「一個工作讓他做久了，他心念上沒有把持好，自然而然就想掌控一切，這也是一種執著，更是凡夫的境界。我不厭其煩地告訴大家要改習氣，不要身體很精進，但心念上卻走入偏門。佛陀對弟子中有人犯增上慢很感嘆，我也是會這樣。學問、地位、權力大就容易犯增上慢。」這樣的開示直指人心，道盡人性的弱點與習氣，讓人聽了莫不深自惕厲。

上人曾在開示中舉例說道：「知足、感恩、善解、包容，是真正能運用在日常生活中的法，修學此法，不只是會背、會唸，能知、會說而已，還要做到。可以透過定期共修，分享自己如何做到感恩，是哪一件事、哪一個人讓我們提起了感恩心，分享自己如何做到善解，是什麼事情讓自己提起了善解心。學法而能運用於人群，就有歷練、有受用，分享自己受用的法，對別人而言也是最有用的。」這告訴我們：好話可以死記，但必須活用，學佛要活學，學後要活用。修練正法已屬難得，而能將所學之法用在人群中及生活中更是不易，然而如果只是有外行而無內修，這也是會落入只有追求事相而無探求真理的死胡同裡。

佛陀和提婆達多，因緣糾結不斷，生生世世難了，即便到了現世，雖然提婆達多同樣生在皇宮，又是佛陀的堂弟，也出家成為佛弟子，卻常受欲念誘引，處處和佛陀作對，甚至處心積慮要謀害佛陀。然而，佛陀能深觀宿世因緣而歡喜接受，甚至授記提婆達多成佛的時間比其他佛弟子更長，這其中更具發人深省的深邃意義。佛法是依法不依人，提婆達多也不是佛陀時代佛的僧團才有，每一尊佛都有他的提婆達多，每一個提婆達多的示現都是來成就佛的，所以諸佛也都是感恩提婆達多的成就，也都把提婆達多善解為逆增上緣，這就是感恩與善解的智慧。佛法三藏十二部經追根究底就只講一個字，那就是「心」。心就是一切，一切也是源自一心，萬法歸一，唯有一乘，也就是慧命的道根。此猶如樹幹與樹根，菩提樹的樹根與樹幹照顧得好，菩提樹才能開枝散葉、枝葉茂盛，如此才能鞏固自己、蔽蔭他人，也唯有如此才能對己妙用、對外度眾，這就是真實義的道理。

已經行入菩薩道走入人群，這是「可喜可賀」；精進在菩薩道上，這是「可圈可點」；在忍辱中精進，這是「可歌可泣」。但如碰到困難挫折或人事問題而不能提起正念、心存感恩，反而因人事亂了心，讓煩惱侵蝕善根而道心停退，這是「可悲可嘆」。

「謝謝」只是用嘴巴，所以旁邊是一個「言」字；「感恩」是發自內心，所以「感」跟「恩」兩個字都有一個「心」做基礎。付出是向外奉獻，是「外行」；感恩是向內止觀，是「內修」。向外奉獻是「事」，向內止觀是「理」，兩者雙軌並行就是「以俗事顯佛理」，也就是透過世間的方便法，探求無為的真實法。

外形易整 內心難調

有一次我應邀去一個連鎖經營的髮廊集團演講，那是該集團舉辦全台店長及主管幹部們的訓練課程。間中也有醫美的醫師負責講解最新的醫療科技，分享如何透過這些先進的科技，將臉上的皺紋、雀斑去除，甚至還可以透過醫療美容進行人體塑身，將身材與臉部整形得更美。現場百多位年輕的從業人員，人人都有時髦的打扮與穿著，有些人的髮型很新潮，有些則滿頭金髮甚至色彩繽紛，可以想像他們平時在上班時候的打扮是更甚於此。

愛美是人的天性，沒有人喜歡自己長得醜，人人都希望自己有端莊的五官，以及人見人愛的臉蛋，不但人家看了喜歡，自己也能活出自信。不可諱言，優雅的淡妝及合身又顏色搭配得宜的服裝，是一種個人的基本形象管理，這也是一種禮儀及人文。而醫療美容隨著科技日新月異，讓一些身體或臉部有缺陷或瑕疵的人得到改善並增加個人自信的機會，這是醫美功不可沒之處。然而，就像一棵樹一樣，修整枝葉不能說不重要，但最重要的莫過於這棵樹是否健康地成長，也就是樹幹尤其是樹根的照顧必須優先於枝葉。樹幹、樹根照顧得好，地底下的根莖廣伸，土壤之上的樹幹茁壯，則自然枝葉茂盛、樹椏健碩，甚至高壯到無法修剪，這樣外觀看起來也是很壯觀，所以不只數大就是美，其實樹大也是美。

樹幹有如人的身體，樹根有如人的心。一個人的身心如果不健康，臉上再怎麼美化那就如只在枝葉上下功夫，樹幹或樹根爛掉了，再怎麼修整枝葉也都沒用，因為這只是曇花一現，最終將失去生機，所以看不到希望。人如果心靈有缺陷、精神很萎靡、脾氣很暴躁、心胸很狹窄、情緒很不穩、習氣很深重、觀念很負面、態度很傲慢、聲色很不好、說話很強硬、事事很敏感、處處愛計較、心地不慈悲……等等，則臉部保養得再好、整形得再美，人家看了也頂多是「耐看」——要忍耐一下才看得下去。這是在外表上下功夫，再怎麼整形也整不出發自內在的氣質與涵養，內在的氣質與涵養是要讓心智經過的日積月累的淬鍊與薰陶，這也不是一蹴可幾，而是要「修於內，行於外」，不假時日不見成效。外在不能說不重要，而是內在更重要。以車子來講，款式跟顏色就是外型，稱為「體」，有如人的外相；引擎跟電池是內在，稱為「理」，有如人的心靈。這樣一解析就清楚明瞭其相互關係了。

以佛法的角度來闡釋，想要有面相好看或法相莊嚴的「果」，就要先種其「因」；這個「因」，就是「修練忍辱」，修忍辱才能面無可惡相，也才會得相好的果。面相或身行要莊嚴好看不是光靠外在的美容、做臉、化妝、整形，甚或穿著新潮名牌的服裝就可得，醫療上有特殊必要性的整形重建當然無可厚非，但如果只是為了讓臉蛋年輕美麗而進行整形或美容，這並非根本之道，能整到幾歲？車子用了二十年，任我們再怎麼會保養，外型再怎麼噴漆打蠟，終究還是列入古董車。所以，根本之道還是要「相由心生」，從內修開始。我們整個身體外觀對我們的心來講都是「外相」與「外境」，所以心才是主角。整形再怎麼會整，也只能整到外形，而無法整到我們的內心。同理，馴象師可以馴象的身，不能馴象的心。人也是如此，練身容易，練心難。

相由心生，內生外相

外表與內在也是需不落兩邊，依中道而行，這樣才是心行一體的一乘之道。以一間屋子來講，住宅之外為牆，之內為壁；心宅之外為行，之內為心。所以，把心的相放寬，讓外相跟內心相印而內外一致，這樣才不會侷限在小小的心宅裡，也才有可能自轉內心的小乾坤，進而扭轉乾坤大法輪。一切法離不開自性，欲淨其土，先淨其心。性是根本，相是枝葉，如只要樹根不要枝葉，則樹根有何用？這棵樹也不成樣、不成形。如只有枝葉卻沒有樹根，則這必是枯枝落葉了。所以，性相相連、一體兩面，理論是如此，事相也是如此，這樣才是理事相應，理事相通，也才是佛法不離世間法。這樣的道理人人聽得懂，也能馬上一點就通，如此有為與無為相印證，也是一種巧妙。

把臉皮撕掉，看到的就是血淋淋的肉，則每一個人都長得差不多的恐怖。同理，人死了以後，如是土葬終會剩下一副骷髏，如是火化將會是一堆骨灰，而活著的時候也是靠一副骨架支撐著，所以用X光機把人看透了，每個人也是長得差不多，這就是「實相」。沒有人會說這副骷髏比較美，那副骷髏不美，但很奇怪，人的六識一接觸到六塵就很容易起虛妄心與分別相，也很容易被外境或外相所迷惑而妄心分別，證明人人重外相、外表甚於往內實修去啟發真心。這個透視人生的道理懂了，才有可能見物就見性，見人也見性，這就是「明心見性」。我有一位朋友因為肝臟不好，經人介紹去大陸一間專門做肝臟移植的醫院準備換肝，結果醫生通知他：「這個月送來的肝比較不美，下個月如果有比較美的肝我再通知你。」聽起來人肝跟豬肝好像也沒甚麼差別，這也算是眾生平等。

凡夫常常執著在「好不好看」、「美不美」、「喜不喜歡」等等，那是分別心使然，所以會造成事事「妄心分別」，也因為有妄想與執著，所以煩惱如影隨形、揮之不去，人生就是苦在這裡。了解真相與實相的真理之後，繼而以平常心面對無常與現實，如此把人、事、物與人生看透，那就是「去妄歸真」。能以真心徹悟真相，就不會以外相去武斷看待事情，更不會被外境所迷惑與誤導，這樣判斷事情就比較能接近真理。不只「不妄不真」是不二，「不美不醜」的不二境界也是真理，人與事的判定標準也不是絕對的，而是相對的，這都需要學習放空執著。這與感恩、尊重、愛是相得益彰，值得我們探討與學習。

看別人或看事情不順眼，不是那個人或那件事令我們不順眼，而是自己心念跟修養不好，主要也是跟自己的思想、觀念有關。外境的美或不美跟人與環境無關，而是與我們的心境息息相關，謂之「自性顯現」，也就是自己的心地風光；美則看甚麼或去哪裡一切都美。好壞或美醜的評斷最終還是繫於自己的一念心，然而也因為人心無常，昨天看起來還很美的人跟事，今天有得比較跟選擇了，又覺得不美了；以前覺得這個人看起來很討厭，現在受惠於人家的適時協助，感覺人家也不錯，心裡有感恩看人跟事就很歡喜；之前這件事很令人煩惱，甚至讓人痛不欲生，現在一念心轉萬境轉，心念轉化、心智提升了，反而覺得很感恩。所以，變來變去的其實就是自己生、住、異、滅的心，也就是人心的四種心理現象。

修於內，行於外

心如果不美，再怎麼擦脂塗粉也不會讓人覺得美；心如果善良又會同理別人，則別人與之相處會如沐春風、充滿歡喜，這樣就是所謂的「有人緣」，也是靜思語所言「心中有愛，人見人愛」，此乃人性的內在之美，不是靠美容整形可以做得來。有一些人，即使坐在那裡不說話，別人看到他都會起歡喜心，這就是「戒德之香」，這樣的人是因為持戒而威儀無缺、淨如珠寶，所以會有戒德之香，因持戒而散發戒德與戒香。有一次，佛陀問阿難：「在花海中順風可以聞到花香，但請問：甚麼香味即使逆風我們也可以聞到？」此即「戒德之香」。有德之人由於戒德清淨，所以不但有德香，還可以防止散亂與掉舉，所以能常處三昧之中，這是定的功夫。甚至能以輕鬆自若的心態去處理世俗的大小事情，這是胸有成竹的談笑用兵與運籌帷幄，也就是所謂的「遊戲三昧」，看似遊戲，實則遊而不遊，個中意境值得我們學習與體會。

俗語說：「知人知面，不知心。」其實，受過佛法教化的人比較能體會「知人知面，也知心。」蓋因「相由心轉」、「萬法唯心造」。甚麼樣的面相就知道是起甚麼樣的心念，而甚麼樣的心念就會有甚麼樣的造作，即使還未付諸造作顯現於言行，終有一天還是會日久見人心，所以才說「命運是心態的延伸」。

「外形」會隨著年齡日薄西山而老態龍鍾，甚至病苦纏身，最後枯竭死去，乃至變成一副臭皮囊，最終歸于塵土而化為一堆白骨；「內心」則可以透過佛法的修練與薰陶，隨著年齡愈大愈智慧增長而有長者風範，也會因心無罣礙與萬緣放下而愈老面相愈莊嚴，乃至變成一尊老菩薩。外在不是不重要，外相甚至也是要做好形象管理，如此才是合乎禮。然而，先「修於內」，繼之「行於外」，這才是永恆及究竟之道，輕重緩急能知所先後與取捨，則近道矣。

本來無一物 何處惹塵埃

有一次，我在花蓮靜思精舍住了十幾天，有一天早上我在知客室打電腦回電郵，剛好一位資深的志業體同仁帶著一位大陸來訪的貴賓進來喝茶，這位同仁看見我就跟這位大陸貴賓介紹說道：「這位師兄是濟雨，他是前馬來西亞馬六甲及新加坡分會的執行長。」之後，又緊接著說：「他現在被禁足在精舍！」突如其來的話語，我十分訝異也有一點震驚。他如此向一位與我素昧平生的來訪者介紹，而且不是以開玩笑的口吻。但為保持風度，我還是禮貌性地彼此打個招呼，若無其事地淡然處之。

這本來是一個偶然又稀鬆平常的邂逅寒暄，但因說者把一句原本可以好好說的話說壞了，因一句不得體的話而讓我們有許多內觀自省的好機會，這也是值得學習。這句失言如果發生在志工或朋友之間的調侃或玩笑，絕對沒有探討的必要，因為這是人與人之間最基本的善解與涵養，甚至會讓人覺得一定是彼此之間有很好的交情才會如此不忌諱，而境界高一點的更可以把它當成是一種幽默而自我解嘲。然而，在彼此不熟識的參訪者面前，又很正式地說出來，不僅有損個人的修為，更會影響團體形象。那一位大陸貴賓可能也會感覺很驚奇，接待他的人居然有如此的介紹語言，我希望他那天沒聽清楚而把它聽成「他現在被祝福在精舍」。

日常生活中人事境界變幻無窮而擾亂人心，如何能境亂心不亂？這就要邊做邊學、邊走邊調整，隨時調整好方向與腳步，並隨時照顧好自己的心念，才不致因人與事而亂了心，心一亂，身行自然是失序。心是主人，身是僕人；心境是主人，環境是僕人。所以，若僕人再怎麼能幹，但卻有一位頭腦不清楚的主人，這樣也是沒用，而如果換成僕人指揮主人，那就更不對勁了。生命中充滿無數的考驗與磨練，然而無論身處任何的環境，或碰到任何的境界，都能以感恩、歡喜及不忮不求的心去隨遇而安，也能以溫和及平靜的反應去應對，且應對過後還須立即放下，就如雁度寒潭，雁去不留影。生活中若要輕安自在，就要能一切往前看，也要能學習「前腳走，後腳放」。值得懷念的就把它珍藏，應該忘記的就不要再留戀。

雲層之上的天空本來就是清明朗照，但雲層之下卻有陰晴寒暑之別。我們在陸地上看到是烏雲密布或雷雨交加，但飛機一起飛穿破雲層，進入幾萬英呎的高空之後，整個天空都是一樣的陽光普照。這告訴我們一個道理：人唯有眼光長遠、胸襟擴大、心量放寬，加上耐心沉得住氣，最終就會看到未來的願景是一片光明。反之，停滯不前、眼光短淺、心量狹小、心繫亂境，加上耐性不足而沉不住氣，機會來臨之際也沒有勇氣勇於突破現況，這樣自然會與動盪、紛亂、險惡等境界沾染，猶如處在不見天日的烏雲密布之中。

解鈴人就是繫鈴人。沒有人能封閉我們，只有自己會封閉自己；沒有人能埋沒我們，只有自己會埋沒自己；沒有人能傷害我們，只有自己會傷害自己；沒有人能給我們壓力，只有自己會給自己壓力，這些都是異曲同工，道理都是一樣的。同理，沒有人能把我們禁足。只有自己會把自己禁足，何況禁得了身，禁不了心；綁得了身，綁不了心。

隨遇而安，不忮不求

人之所以會有被封閉、埋沒、傷害、打壓等等反應，雖表面上看來是別人加諸於我們身上，實則是自性的顯現，意即我們對這件事情或這個人的看法跟想法。如能將這些感受令其不生反應，也就是對這些心理現象不生反應，就如兩人共舞，只要其中一人不隨之起舞，則遊戲自然終止，此時心境自是不惹塵埃、不起漣漪。對壓力雖有感受，但不起反應，這樣就沒有壓力；對傷害雖有感受，但不起反應，這樣就沒有傷害。其實，對苦也是一樣，對苦有感受但沒有反應，這樣還是不苦。就如感覺生命無常而體會人生是苦，但卻能吃苦了苦、以苦為師，並以智慧找出憂悲苦惱的緣起而加以對治，這就是對苦有感受沒反應，還是不苦，並且能妙用它成為增上緣，這是上上智。痛是生理上的，苦是心靈上的，身苦好處理，心苦就難醫了。

感受與反應之間還是有微妙的距離，這就是起心動念的奧妙之處。不只痛與苦有距離，可以「痛而不苦」，苦與怨也是有距離，可以「苦而不怨」。哀與傷之間也是可以切割，謂之「哀而不傷」。威與猛之間也是要懂得區隔，謂之「威而不猛」。不怒而令人敬畏叫做「威嚴」，怒而令人生畏叫做「兇猛」。此外，諸如孔子所說的惠而不費、勞而不怨、欲而不貪、泰而不驕等等，都是一念之間的距離，可以一體，也可以兩極，運用之妙存乎一心。

即使對任何逆境或磨難的種種感受有反應，我們也是要學習聖嚴法師所言的「四它」：「面對它、接受它、處理它、放下它」打開心門，正法才會入心，也才不會因自己對號入座而讓煩惱久置心中，唯有保持心空無見，煩惱比較容易跟我們說再見。人群中的境界免不了起起伏伏、紛紛擾擾，然而在紛亂及險惡的環境中，能依然保持不動聲色、穩如泰山，這樣就是功夫得力，生活及身心要輕安就要以此自我警惕，也須時時自我驗收。所以，那天的那一個情景過後，我學習「事來即應，應過即放」，沒有因別人無心的一句失言而讓自己失去心靈的平靜與喜悅，也自許能從這樣的人事互動中去妙用境界、隨處養心，這也是要從感恩與善解做起——感恩別人成就了我們的道業，並善解別人沒有能力把一句話說好。所以，是能力不足，不是故意的。

心寬念純，亂中修定

上人曾言：「人群中的每一個人，都是我們學習的鏡子，即使看到別人有缺點或缺失，我們也是要心存感恩，感恩對方示現一個不好的相讓我們學習。」這是提醒我們在紛亂中要提起正念，謂之「亂中修定」。一個人的定境愈深，遠離紛亂的能力就愈強，就不會在是非中落入是非，也不會在煩惱中落入煩惱，這樣就不會與亂境牽扯不完。別人說話不得體，也無法在適當的時候說雅言正語，這是人家的事，我們唯有選擇寬恕與包容，這樣我們的日子才會好過，而且我們更不能拿別人的錯來懲罰自己。別人對我們有誤解、有批評，甚或別人有錯，那是別人的業，我們如果拿他的錯來懲罰自己，甚至因此而難過痛苦，這樣就變成自己的業，因為自己對號入座而彼此成為共業。所以，要不要造業或要不要受業也是存乎自己的一念心，這是每一個人自己修行的功課，要自己去完成。

有一次我在隨師中，一位資深的慈濟委員向上人哭訴自己遭到冤枉的指責，也擔心上人會因此誤會她。上人慈示說道：「妳太在意別人的話而造成耿耿於懷。別人對我們有甚麼看法，我們反省過後，有錯就改，沒錯就放下，不要自己對號入座，否則會煩惱自己找。」所以，如果自己要對號入座，那就是自願與亂境沾染，除非有善知識即時出現引導我們轉念離境，或自己已具備洞察力與離執力，否則日子要在起心動念中過得輕安，那是很難的事情。每個人都「行有不得，反求諸己。」都先管好自己的事情，好好約束自己，做到了就是「君子務本，本立而道生。」這樣才有可能止息紛爭。做不到，那自己就會變成苦難的眾生。

也有一次隨師中，上人針對凡夫習氣的問題對眾開示：「一直看到別人缺點的人，做事不會周全。所以，一直在照見別人缺點的人，也需要別人來發現他的缺點。」這又是一句發人深省的教示。一個人若心懷惡意，則即使閉著眼睛，都能看見別人的缺點；一個人若心念不正，則即使張大眼睛，也看不見自己的缺點。而把不順眼的心念化為言語，則造成出口傷人。批評、責備、數落別人很容易，但反過來，當自己遭受如此對待的時候卻又受不了。所以《靜思語》有句話：「要原諒一個不小心傷害別人的人，但千萬不要做一個輕易就被傷害的人。」這是一語雙關，提醒了傷害別人的人，也警惕了感覺自己被傷害的人。從古至今，哪個人前不說人？誰人背後沒人說？所以口業難修。有一句古諺說得好：「話出如箭，不得亂發，一入人耳，有力難拔。」值得我們隨時自我警惕。

保持心寬念純，則大事化小事，小事化無事；心不寬念不純，則沒事變有事，小事變大事。心念若正，則不起事端；心念若邪，則無端生事。「多一事不如少一事」不是碰到事情就因循苟且、麻木不仁，也不是畏首畏尾、遇事退縮，更不是不做事或不管事，而是深信事出有因，其中必有緣故。《法譬如水》有云：「現在所碰到的不如意或障礙，都不是別人所給，而是自己過去所造。」一語道破：我們如果過去造了對人失言的因，今生今世就會得到被人失言的果。所以，此事能讓人藉事練心之處無他，求其「深信因果」及「內觀自省」而已矣。

佛家說「諸法空相」，既然諸法皆空，也離不開生住異滅與成、住、壞、空，甚至百年之後也沒有人會記得我們是誰了。所以，除了業隨身之外，最後空無一物，因此人生也沒甚麼好計較的。神秀說：「身是菩提樹，心如明鏡台，時時勤拂拭，勿使惹塵埃。」這麼美的文辭意境，弘忍大師卻認為這還是未開悟。而慧能說：「菩提本無樹，明鏡亦非台，本來無一物，何處惹塵埃。」弘忍大師則認為這是出世的態度，也是頓悟的理念。這兩個偈子都很值得我們去參悟。

菩提樹是空的，明鏡台也是空的，身與心皆是空的，本來無一物的空，又怎麼可能惹塵埃呢？若是心空無見，則任何事物從心而過，必不留痕跡，就如船過水無痕一般。也如廣欽老和尚所說：「無來無去無代誌。」（臺語），所以，本來就沒甚麼事，那又何必自己沒事惹塵埃？

懂得靜思 才會力量泉湧

過慣了多采多姿的生活，或習慣隨心所欲的人，一旦要他靜下來，或短暫的約束自己，即使幾天而已，他都會不甘寂寞，這樣的人想要修練身心，那是很困難的事情。有靜思習慣的人，比較會有能力耐得住寂寞，甚至將孤獨與寂寞當成一種享受。能否耐得住寂寞也是一塊試金石，試試我們能否耐得住紛亂的干擾？能否在動亂的情境裡境動心靜？能否每天都有時間打掃自己的心靈殿堂？更可以測試我們是否有能力往內探求，尋找以靜制動的心靈力量。

能平靜面對成功，就能平靜面對失敗；能平靜面對失敗，失敗就不再那麼可怕了，這需要心平等與心靜寂。同理，碰到喜事時大多數的人會喜形於色，但如能收斂藏形，則是平常心的展現；碰到衰事時大多數的人會意志消沉、暗自傷悲，或怨天尤人、自怨自艾，但如能從中深觀因果，則是因緣觀的啟發。生命中性靈的成長與蛻變也是需要在靜思中沉澱，才能起一份感恩心與歡喜心——感恩順逆境界，都是隨善緣的一種成就；歡喜佛魔境界，都是不起分別的一種正念。

上人曾開示：「靜思是我的慧命，慈濟是我的生命。靜思是家，是慈濟人心靈的家，也是心靈道場。有家才有門，有靜思才能立宗門。有靜思法脈才能開啟慈濟宗門。」所以，「靜思法脈」的重要性不言而喻。隨師時，有一次上人對眾慈示提及，自己雖日理萬機、分秒不空過，但除非碰到緊急的國際重大事件，否則晚上六點以後是自己獨處自修的時間，並說這個獨處的時間對她很重要。精通法要、智慧如海的覺者都如此，何況是凡夫的我們。所以，即使行菩薩道走入人群，也不能每天忙到沒有靜修跟自修的時間，否則失去目標、方向、意義與重點的忙碌也是一種生活的危機。愈是忙碌，愈要冷靜，這樣才能事繁心閒、忙而不亂，就如車速愈快，方向盤要掌握得更穩，道理是一樣的。

鑄鋼有一道重要的工序叫「淬火」，就是把滾燙的火錠放到寒水裡急驟降溫，就如打鐵的店，須將通紅高溫且已成形的粗坯鐵放到冷水中急速冷卻一樣，其作用就是讓鐵分子急速凝結而煉鐵成鋼，這樣才不會生鏽且堅韌無比。同理，人生的許多輝煌成就，不在於狂熱地宣洩，而在於冷靜地凝結。行菩薩道也是一樣，不能只是狂熱地投入宗門，還要冷靜地深入法脈。亦即身體很精進，心靈也要很清淨。

「精明」就是精神英明，精神英明之人精神不會散亂，不散亂就是「凝結」，它的作用就如淬火一般。透過靜思向內自觀，就如同在打掃自己心靈的殿堂一般，與每一個人每一天都要淨身洗澡一樣，要讓它成為一種習慣，「晨鐘起，薰法香」也是這樣的作用。一個人如果靜思的時間不夠，當然就很難透過內觀與自省去發掘可以讓心靈繼續成長的空間，在這樣的情況下即使身體很精進，也會因心靈不清淨而造成愈精進反而愈偏離正道，甚或在心念上走入偏門，這也是一種危機。所以，靜思也是讓我們心智與性靈成長的重要修行法門。

知足最大富，安穩最大利

有一次我隨師時，一位海外實業家與上人分享說道：「以前還未進慈濟時，感覺很多人做慈濟做到走火入魔。現在自己走進來做得很歡喜，發現自己也是走火入魔。」上人聞後，能善解他的不擅辭令，然立即對眾導正說道：「你說的『走火入魔』是『走出火宅，深入人群，磨練心智。』」眾人一陣譁然大笑，上人隨機應變與撥亂反正的機智教育讓大家學習良多。

二〇一二年八月，我去大陸蘇州的靜思書院演講，講座最後有安排與現場兩百多位聽眾雙向交流問與答。彼時，一位年輕的聽眾舉手問我：「劉先生，我想問一個比較敏感的問題，不知可不可以？」因為他尚未提問，我也不好先拒絕，於是請他提問。這位大德問道：「請問您對釣魚臺的看法怎麼樣？」原本輕鬆溫馨的現場，頓時陷入一陣嚴肅凝結的氣氛。我停了幾秒之後回道：「這位先生，我們是學佛的人，不方便去討論釣魚的事情，而且我們慈濟人正在倡導齋戒，所以也不鼓勵人家去釣魚。」現場觀眾一陣笑聲，而我也客氣地向這位年輕人致歉只能如此回答。

「靜思」可以讓我們身心獲得「安」住與「穩」定，這樣才能真正的感受心靈的清淨與寧靜。學佛沒有速成班，如要對所學有所心得，就得循序漸進透過定、靜、安、慮的漸修，時間久了功夫自然得力。佛家常說「知足最大富，安穩最大利」，其中的「安穩」就是心靈有所安住與依止，這樣就是心靈找到了家。人可以忙忙碌碌過日子，但不要庸庸碌碌過一生，懂得如何在亂境中境亂心不亂，這就是安身立命。要想安身立命，就要學習平靜溫和地應對人我與人事問題，能臨危不亂、處變不驚，再以權巧機智去化解危機，甚至妙用危機成為轉機，這個不容易，所以才要學習。「靜觀其變」也是一種以靜制動的功夫，其先決條件是要能沉得住氣，還要能耐得住寂寞。

人生必須學習耐得住孤獨與寂寞，唯有耐得住孤獨與寂寞，人生方能不寂寞。心中有寂靜，人生才會不寂寞，才有可能隨時透過「靜」心「思」惟，調整腳步與方向之後蓄勢待發、勇猛精進，也唯有如此才能在乘風破浪之中欣賞激起的美麗浪花。

耐得住孤獨與寂寞，才會擁有一分平淡如水的心境，這樣的安穩才不會讓我們的孤獨與寂寞陷入空虛與失落，心浮氣躁、心神不定以及妄想紛飛的人最耐不住寂寞。一個人的身心有所安穩與寧靜，才能無論碰到任何的境界，都能以溫和及平靜的反應去應對，這樣才會是一個信根十足的人，也才會是一個讓人覺得很安穩可靠的人。這就如同要澄清一杯混濁的水，必先置之於一處，讓它靜止不動，時間久了，雜質自然沉澱，清水自當現前，「靜思」的作用即同於此。人群中修行如果要以單純的心應對複雜的人與事，或要身處複雜的境界而內心依然保持不與之沾染，則從靜思中去慎謀能斷並謀定後動是一門必修的功課。

靜心安住，冷靜三思

靜思不同於靜坐，不是找一個靜謐的場所，閉雙眼、兩腿交盤、不言不語，也不是在尋求靈通或神通而最終走火入魔，而是讓自己無論處在任何的環境都能「攝心不散，心住一境」，這是「靜」與「定」的功夫。心中的定境愈深，則離境的能力就愈強，也就是遠離紛亂的能力愈強，心無汙染也不亂，自然不會牽引外面的亂緣進來，這就是所謂的「動中修靜、亂中修定」。一個人無論是獨處或群聚，亦或身處順逆境界，都不受他人喜怒哀樂的影響或羈絆，與人相處也能不卑不亢不攀緣，這是「靜」與「定」的功夫了得。

上人曾經對「靜思」做明確開示：「我們的心，時時刻刻都要在靜思法脈中，在日常生活裡都要能靜思。『靜』是心要很寧靜，在紛擾的社會，心要顧好不隨境轉，不隨著境界而紛擾不安；『思』是心要冷靜思考，面對任何人事物都要三思而行，所謂『再思可矣』，是非要清楚明辨，既不被欲念牽引而衝動行事，同時對的事則做就對了，不要三心兩意。」

上人以慈濟人慈濟事的慈濟宗門，與思想及精神層次的靜思法脈相互輝映，透過有形的世間法去探求無形的出世精神，透過有形的事相去體會無形的真理，這是將世間法的事與理相互印證，讓聽法者易於理解，這就是所謂的「深入淺出」，亦即方便中蘊藏著真理。不但佛法要生活化，經文也要生活化。生活化的佛法與口語化的法語，看似平淡，實則重味。如要能體悟「平淡最重味」的道理，就必須時時讓心靈保持著平平淡淡、從從容容、輕輕鬆鬆、歡歡喜喜，而每一天都有適當的時間來進行心靈的獨處與沉澱則是必修的功課。

心中有些許的不悅就是一種不清淨。一個人的心靈如果清淨的話，就能在最平凡與平淡的事物中獲得快樂。看到晴天就看到光明，看到雨天就看到滋潤，吃到簡單三餐，或是一段愉悅的談話，都能讓我們自得其樂、心生歡喜。當一個人的心靈逐漸淨化的時候，所感覺的樂受也會比較微細，也就是感覺會比較敏銳，感受也會比較清楚，縱使是一件小小的事務，都能獲得很好的享受與滿足。要有這樣的感覺與感受，「靜」心「思」慮就是重要的催化劑，而「恬安淡薄、無為無欲」則是準繩與圭臬。

有時候我們會手忙腳亂那是因為頭腦先亂，不是真的事情很多，是做事沒有要領、沒有謀略，以至於暴虎馮河、有勇無謀而千金撥四兩，造成事繁心也煩，心煩事就亂。所以，頭腦如果不清楚，四肢再怎麼靈活有力也沒用，頭腦不清楚更會苦了手腳。功夫得力就可以轉外境，身體就是我們最貼心的外境，因為身體是照著心的思惟去造作。心想好意，身就善行；心有邪念，身就惡行，謂之「相由心轉」。「相由心轉」的相不是單指面相，整個身體就是心的外相與外境，所以才說「心是主人，身是僕人。心境是主人，環境是僕人。」主人須有效指揮僕人，整個家才會井然有序；心境必須掌控環境，整個人才會隨境而安。

離脫火宅，唯靠靜思

有些人為了逃避問題或為了紓解壓力，而到深山裡去尋找心內的平靜，既然要尋覓心內的平靜，又怎麼可能在心外找的到呢？有些人，過了一段時間就要選擇去一個很遠的地方度假，以為去得越遠，壓力及煩惱就會離我們越遠，其實不然，任你跑得再遠也躲不掉，方法跟方向弄錯的話，壓力跟煩惱還是如影隨形，所以《靜思語》才說：「逃避不一定躲得過，面對不一定最難受。」有些人以為去很遠的地方旅遊散心，就可以心曠神怡找到快樂，其實也不然。心情不好而去散心，這不是不好，而是不究竟，究竟之道是立即自我調心，心念調適得好，自然一念心轉萬境轉，此時好山好水就在我們的心中。快樂不是掉在外面，只從心外去找也是找錯方向，快樂及喜悅就在自己的內心深處，最美麗的風景也不是在青山綠水之間，而是自己的心地風光，所以才說「心中有好山好水就是好風水；心念合情合理就是好地理」。向外找不是不好或不對，而是這並非究竟之道。每天都要有時間讓忙碌的心平靜下來，做到事繁心閒、忙而不亂，這樣才能讓躁動的心有機會找到平靜與喜悅。平靜是來自內心，不是向外尋求，真正的平靜不是你可以靜坐幾個小時不起身，而是用一顆平和及平常的心態去看人間萬象，也不會因人與事而起分別或煩惱，這樣才是真正的平靜。

其實，有一些人之所以難以成功並不是能力不好，而是耐性不足，心浮氣躁靜不下來，在受挫之際無法平心靜氣耐心等待因緣及靜心觀察境緣，造成心靈沒有調適的空間而陷入死胡同，因鑽牛角尖而愈鑽愈深、暗無天日。所以，「耐心等待」與「靜心思惟」也是一種定與靜的心地功夫。沒有耐性的人容易意氣用事、自翻底牌，不但自曝其短也自亂陣腳，因沉不住氣而無法靜觀其變、冷靜應對，造成前功盡棄、功虧一簣。「靜心等待因緣」不是不管事、不做事，而是遇事沉著、默忍則安的生活智慧。

在佛的眼中，我們都是躁動的人。佛所說的躁動，不光指身的躁動，而是心的躁動。身之所以會躁動，是起源於心的躁動在先，身行造作是接受心的呼喚與指使，所以要正本清源就要從心去下功夫。雖說清淨在源頭，心是清源，但不可諱言，心卻也是亂源所在，此猶如眼睛，雖是靈魂之窗，卻也是欲望之窗。我們雖然都在學佛，然皆屬未證悟之輩，不只身處三界火宅，心也是處在心靈火宅。心靈火宅有欲望、憤怒、無明等三種火，這平常不易自我察覺，直到碰到無常與業力現前，才開始思索如何奪火宅的大門而出，然有時卻為時已晚。

二〇一四年一月，上人在歲末祝福中曾幾度提及：人都是處在心靈的火宅中而不自知，由於欲望之火不斷，「有一缺九」還少個零，有一百還要一千，有一千還要一萬，有了一萬還希望有十萬，有十萬還要百萬、千萬，有了千萬最好能有億，一旦財產上億還是不滿足，有十億還要百億、千億，最好能有「兆」。企業家財產累積到「兆」時，代表著他的企業已開發、使用、損耗及耗盡了許多地球的資源，事業愈大則損耗地球的資源也愈多，如此就是業大，所以才說事大業就大，道理在此。累積再多的財富一分錢也帶不走，因為萬般帶不去唯有業隨身，業報現前、時間一到，最後就是要「兆」。「兆」就是福建話「逃」，逃之夭夭或一路好走的意思。為什麼要逃？誰在追我們？就是無常跟業力。是我們逃得快還是業力追得緊？上人以此譬喻，提醒大家要覺悟與覺醒，即早離開心靈的火宅，多行善造福，累積善業，所以才說要「敬天愛地聚福緣」。這樣的人生哲理也是需要我們靜靜地去省思，人生的目標也才會正確定位。

無法靜思的人，就如開著一輛沒有方向盤的車子，這樣當然無法精準掌握前進的目標，也會人海茫茫不知何處是歸程。無法靜思就很難以進行內觀與自覺，而無法自覺就如開著一輛沒有剎車的車子，可想而知這是多麼危險的事情。生活中如要「克己復禮」——有效克制自己的妄念、習氣、無明、情欲、貪婪、惡念等等，甚至正陷入動盪與險惡的環境中而想急中生智、轉危為安，釜底抽薪及踏出第一步之道無他，求其「靜思」而已矣。蓋因懂得靜思，才會有無形又巨大的心靈力量。

下篇・慈濟宗門不離行

內修是法脈　外行是宗門

有一位年近八旬念佛數十年的慈濟會員，由於晚年行動不便，加上罹患失智症，造成有時會言行舉止突然失序而情緒失控動怒、口出重話。念佛時雖心情平靜，然而一天之中真正的平靜只能維持念佛時的數十分鐘，其他大部分時間無法自我控制心念，常欲插手家裡大小事務，不但自己不能輕安自在，也令家人困擾。念佛也好，學佛也好，如果所念佛號不能稱名也繫念，如果所學佛法不能在日常生活中或生命的重要關鍵時刻發揮「佛入我心，法入我行」的妙用，抑或學佛而不想成佛，那學佛又是為哪樁？這是很值得我們深思的人生課題。

有一次我隨師行腳，幾位大企業家一早即來拜見上人，一群弟子圍繞上人身邊，以歡喜心聆聽上人開示。八點多一行人向上人告假要去上班時，上人給予叮嚀說道：「回去賺世間財，回來做功德。」並緊接著說：「我說的功德不是指錢財，而是身體力行。」言簡意賅告訴我們佛法是要拿來實踐，不是只拿來研究也不能束之高閣。慈濟人不是佛理的理論家或思想家，而是佛法的實踐者，唯有實際體驗才能體悟佛法的真理大綱，也才會有所心得。研究佛理雖然造就了一些學者、理論家或思想家，但這跟覺悟與解脫無關。研究佛法教理如只是在文字上鑽研或打轉，稍一不慎也很可能落入文字相，這也是一種著相。覺悟與解脫是我們每個人的人生功課，就如改習氣與轉業障一樣，必須自己去完成，沒有人可幫我們，佛陀頂多只能告訴我們方法，而有效之道就是「內修靜思法脈，外行慈濟宗門」。意即深入經藏與行入人群同步進行，這樣才能解行相應。

有一次上人對海外返臺的幹部開示。「心中有入法才會有法度，度甚麼？」「一是自度度他，一是度重重關卡。」仔細解析這句話，也是不離內修外行的如來真實義。度眾生要往外接引，所以是外行；度重重關卡必須先往內淨化，所以是內修，也是自度。心要先過關，事才會過關，所以重重關卡不是在外面，也不是別人所給，而是自心所造，這樣的道理也是需深入體會。

有一次營隊結束後，上人向幾位志業體主管及志工了解在營隊中發生的人事問題，教導師兄師姊要把此事當作示相教育。並且談到舍利弗尊者隨佛修行日久，還是「智慧第一」的出家弟子，仍有餘習未盡，對於修行也有自己的執著，佛陀甚至說舍利弗是「此人心堅，不可移轉；世世心堅，不可動也。」所以上人提醒慈濟人，入人群中行菩薩道，面對的每一個人都是凡夫，也各有習氣，且眾生習氣難調，唯能自我惕厲、自修習氣，隨時警惕不要受別人的習氣影響，這樣菩薩道才能遊化無礙地走下去。

心行一體，修行養性

法入心已經不容易，即使做到了還不夠，還須與「法入行」雙軌並行，這樣才是心行一體。法入心是內修，法入行是外行。「法入行」就是以行動用法，用法除習氣、用法轉煩惱、用法解疑惑、用法度眾生，這樣就是自轉法輪。佛法無法轉我們的業，要自轉法輪才有辦法，所以不能只是做好事而不入法。做好事很歡喜，但只因為一個人的問題而起爭執動怒，這就是阿修羅，阿修羅也是會做好事，但有福無德。所以，一個道場有沒有法香、道香與德香，不用聽他們講，看就知道。只有法入心而無法入行，這是覺而無行的小乘。然而，耳朵雖聞法，身行卻背道而馳，這樣也還是無法出離三界，還是在六道中輪迴不已。

耳朵聞正法，知道不能迷信，但行動上做不到，如此只有聽經聞法，卻不能行經用法，這樣也不算究竟。聽經聞法就是法入心，行經用法就是法入行；深入經藏就是慧，深入苦難就是悲，一個是內修真實法，一個是外行方便法，謂之「悲智二門」，意即：悲是宗門，智是法脈。所以，悲就是下化眾生，智就是上求菩提；下化就是為眾生，上求就是為佛教。內修也是要從方便門入，外行也是要懂得善巧用法，這樣才能深入淺出，其目的就是要運用三乘、權實並演，一旦對機而由方便入於真實那就是一乘妙法。

佛陀宣講法華真實法，很多人包括舍利弗聞所未聞，皆墮疑惑。因此，佛陀才以種種因緣、譬喻、言辭去方便說法。因為，講太深的道理，假如聽法者的根機不足而聽不懂，這樣也是沒用。所以，收起這樣的本懷，取而代之採用種種因緣、譬喻、言辭等等藉事說法、以事顯理，以事相來顯真理，這就是「隱實施權」的意思，也是大覺者度化眾生的智慧。

舍利弗有內修的自覺，而無外行的覺他，所以無法覺行圓滿，也還有餘習未盡，且執意甚堅，雖智慧第一也斷煩惱，然聞大法之際依然心存疑惑，這間中未投入人群去藉事練心是重要因素。然而，舍利弗深入了解也仔細觀察之後，看清佛陀是在教授甚深微妙的一乘教法時，頓時雀躍歡喜，拋開一切疑惑，雖然自己以前是修習聲聞道，但一聽到一乘教法，舍利弗立刻領悟自己也能成佛，於是生起了菩提心。舍利弗發心立願宣布自己要決心成佛，佛陀即對他說道：「舍利弗！你宿世跟隨我修行，我曾教你菩薩道，但你忘記此事而一心修習聲聞道，以為自己修得很好，已達到修行的終極目標——涅槃。現在藉由教導《妙法蓮華經》，我再度將你安立在菩薩道上。未來你將會在『離垢』佛土中成為『華光佛』。你會一如我所做，教導三乘法以接引眾生，也會一如我所教，教導一乘法。」此段偈頌清楚提醒我們，外行的慈濟宗門與內修的靜思法脈相輔相成，其實就是在引領我們邁向一乘法的真實之道。

佛陀在前四十二年是權教，到了四十二年後才顯示真實道，即《妙法蓮華經》。法華經序所云：「本跡開二門，法喻談真祕，普使諸權小，悉證佛菩提。」「本跡開二門」之「本」指的是人人本具的佛性，「跡」則是在人間顯跡度化。佛陀顯跡在印度，生於皇宮，為了解救天下眾生，開啟人人的心門，點亮千年黑暗的心宅，故以其親身經歷的修行過程教導眾生跟隨其足跡而行，讓人人知曉自性即佛性。能夠拯救眾生，這有兩道門，一為方便門，一為真實門，所以叫做「本跡開二門」，說是兩道門，其實二門終歸於一。再言「法喻談真祕」，上人說，真正的法，凡夫無法理解，所以佛陀講經《阿含》、《方等》或是《般若》、《華嚴》，直到《法華》，每一部經都有本、跡，每一部經都有譬喻談法，用許多人間事相配合著道理施權說教，慈濟的法門即是如此。「普使諸權小，悉證佛菩提」，則是發願深入上乘法理，即使是根機較鈍的，也能覺證菩提。

內外兼修，端正行為

有一次，我與幾位企業家師兄一起拜見上人，其中一位股票上市的董事長語重心長地分享說道：「我很羨慕很多人可以全心做慈濟，但我現在還不行，因為還有社會責任。」上人立即慈示：「真正的社會責任，不是把事業做大，而是無所求地身體力行。事業要做到多大才算是大？要大到多大才會滿足？」真是醍醐灌頂、一針見血。懂得適可而止或急流勇退不是一件容易的事，這需要有善知識啟發我們的智慧。

功德是靠做來的，不是靠求來的；「功德」是人家饑餓的時候我們適時給他一碗飯，人家凍寒的時候我們適時給他衣服穿。上人言：「功」是內能自謙；「德」是外能禮讓。所以，內修就是「功」，外行就是「德」。能內修也能外行才叫做「功德」，也才叫做「修行」。內修就是「修心養性」，外行就是「端正行為」。只是內修無外行，或只是外行無內修都不能叫做真實義，唯有內修與外行內外兼顧才是「真實義」。既用「真實」來形容，就代表這是法的精華所在，不是只內修求個人解脫，或只是研究佛理，或只是論、談而已，而是必須付諸行動，且行動過後還要能自心沉澱，從中調整方向與腳步。

以慈濟的修行法門來講，「靜思法脈」就是修於內；「慈濟宗門」就是行於外。亦即「靜思法脈入我心，慈濟宗門入我行」之意。靜思法脈就是為佛教；慈濟宗門就是為眾生。每天早上上人開示的「靜思晨語」就是靜思法脈；每天早上上人親自主持的「志工早會」就是慈濟宗門。上人曾經開示：「有靜思法脈才能開啟慈濟宗門。沒有法脈，哪有宗門？沒有法脈，宗門就會偏。所以，不能只入宗門而不知法脈。」內修的法脈與外行的宗門是建構慈濟修行法門的兩大支柱，也是「實踐佛法」的基本精神，更是慈濟人「對的事情，做就對了」的圭臬與準繩。上人曾慈示：「法脈與宗門要有所分別，屬於人事的這一方面，都是宗門的部分，但是精神理念就是法脈，慈濟人若沒有靜思法脈的精神理念，當然在人事上就會有『誰在，應該會這麼做；誰不在，其他人可能會如何』的分別。如果法脈穩固，精神理念恆住，相信宗門還會有愈來愈多的有緣人加入。」這是慈濟菩薩道的思想體系。

靜思法脈為什麼那麼重要？上人曾經開示：「靜思法脈有它的精神層面、思想體系跟清規戒律。靜思法脈就好比是人的心跟腦，慈濟宗門就好像是身體上各器官的功能一般。」所以，修行之道就是要把有為法化為無為法。靜思法脈是無形的，慈濟宗門是有形的。靜思法脈要入心，慈濟宗門要入行。法脈是「體」，宗門是「用」，一個是理體，一個是功用。好像「心」跟「性」一樣，凡夫把它叫做心，聖者把它叫做性。人死了心還在，但心卻不能用，因為性沒有了。也像眼睛一樣，人死了眼睛還在，但「性」沒有了，所以看不到。也像燈泡一樣，只有燈泡還是不會亮，還必須通電，所以電流是「理體」，燈泡是「功能」。身體各器官各有其「功能」，但只有功能還不能用，還又有「性」，「性」才是「理體」，所以不能只講明心，還要見性。同理，靜思法脈與慈濟宗門是會二歸一，缺一不可，道理在此。

要透徹了解靜思法脈，就要深入體解慈濟宗門的精神層次與思想體系，這要從「晨鐘起，薰法香」做起。「薰法香」，這個薰習的作用與意義就如月亮與念珠。月亮自己不會發光，但因長期薰習太陽的光，薰習久了，即使晚上看不到陽光，但卻能看到月光。玻璃為材質的念珠也是自己不會發光，但戴在手上隨時薰習白天的日光，薰習久了，夜晚也是會自動發光。同理，「晨鐘起，薰法香」的晨語開示不完全聽得懂也沒關係，隨師時上人曾開示：「法不是每天聽每天都會有心得，但只要持續下去，即使薰法香聽四天才有一點心得，這也算是中根機。就像用紙撈魚，撈久了至少也會撈個一兩尾。」所以聽法不是有聽就會懂，但只要勉強自己堅持下去，恆心不斷聽聞久了，最終也會「有志者事竟成」。只要聽懂也能體解其中一兩句開示，而這一兩句話改變我們的一個觀念，而這個觀念卻改變我們一生，則就如「養兵千日用於一朝」，其過程中的千日才是致勝因素，這就是中道實相的道理，也是微妙法，所以才說「甚深微妙」，其意境在此。

有時上人開示某些經文雖極其艱深難懂，但因靜坐其中而靜寂清澄、思慮清晰，即使那句經文還是沒聽懂，但卻能體悟到與此句開示相關的道理而也能觸類旁通、豁然開朗，這樣也是一種妙法。就如獵人在深山裡狩獵，雖未能追逐到獵物，然卻因一心二用而欣賞到沿途美麗的風光，道理是一樣的。所以，薰法香也須持續與累積，不能一曝十寒，需把握每一個當下，而連接每一個當下即成永恆，當下即永恆，永恆即當下。

內修外行，體真實義

修於內、行於外是內外兼修、不落兩邊、不偏不倚的不二法門。內修就是「四弘誓願」，外行就是「四無量心」，意即「內修誠正信實，外行慈悲喜捨」之意，也就是內修菩薩心，外行菩薩道。同理，內修是「深入經藏」，外行是「深入苦難」。內修是「聽經聞法」，外行是「行經用法」。內修是「大徹大悟」，外行是「大慈大悲」。內修是「修練正法」，外行是「親近善士」。內修是「福中修慧」，外行是「見苦知福」。內修是「改變自己」，也就是自救；外行是「影響別人」，也就是救人。內修是「對己妙用」，外行是「對外度眾」。內修是「信解」，外行是「行證」。內修是「求法」，外行是「用法」。內修是「上求」，外行是「下化」。內修是「信受」，外行是「奉行」。內修是「自度」，外行是「度他」。內修是「自覺」，外行是「覺他」。內修是「正己」，外行是「正人」。內修是「靜」，外行是「動」，兩者雙軌運行就叫做「動中修靜」。內修是「覺」，外行是「做」，兩者並行叫做「做中覺、覺中做」。內能調心，外能化緣。內外並重，兩者平衡，依中道而行，此即福慧雙修、悲智雙運，也就是心有正道、行在中道的「中庸之道」。

「調心」是每天都要做的功課，甚至分分秒秒都要有調心的能力。就如鋼琴的調音一樣，必須隨時能調整音律，無論談得輕或重、快或慢，都能如行雲流水般高低音一切自如，這樣音符才會準確，也才能演奏出好聽的樂曲。人也一樣，轉個念頭只是幾秒鐘，幾秒之內的心念把持可以決定讓我們要處在天堂或處在地獄。把握起心動念的剎那使之趨於不離正道，這樣心輪才不致脫軌。所以，先內能調心，調得好才有辦法繼而走入人群去對外化緣。運用之妙，存乎自己的一心。

只是每天做早晚課還不能叫做修行，真正的修行必須有一先決條件，就是要「入人群」。做早晚課是內修，在人群中付出是外行，兩者齊頭並進就是心行平等，反之就是心行顛倒。念佛唸到一心不亂也還不保證一定可以往生，還要有「信、願」。信、願、行是行於菩薩道上的三大條件，如鼎之三足，缺一不可。生前很會念都還不一定可以往生，何況是往生後靠別人念。所以，靠別人念不如靠自己念，自己念不如自己做，這也是一種正思惟，強調的是心行合一。心就是「內」，行就是「外」。內修與外行有如福慧雙足，少一個就像少一隻腳，再怎麼有力也是跑不遠、走不快，所以才說「福慧兩足尊」。

釋迦佛之前沒有佛法，卻有九十多種不同教派，佛看到那時候有些人修行不究竟，但究竟的方法又在哪裡呢？佛陀自己花了六年的「身」苦修，最後放棄了，從「心」開始走入人群。慢慢地，佛陀不只在人群中覺悟，心也跟宇宙結合，心包太虛成為宇宙大覺者。所以，修行不能離群獨居，不能當自了漢，關起門來自修不是不好，而是不夠究竟，究竟之道還是要走入人群，人群中是最好的修行道場所在。以慈濟人而言，甚至連災區、街頭、廚房、職場、菜市場、環保站等等都是菩薩道的道場。身能外行那是動，心能內修那是靜，所以內修是「靜」，外行是「動」。動靜要互相搭配，如此才有可能「身在人群，心是獨處」，即使事繁也能心閒，即使身忙也不致心盲。身的獨處簡單，心的獨處則不易。心的獨處不是孤寂或孤僻，而是與紛亂的境界不沾染，這是心離境的平靜與喜悅，也就是「對境無心」以及「德不孤，必有鄰」的意涵。此如人飲水，冷暖自知，必須身體力行，以「信、解、行、證」去實際體驗才會有所心得。

如果在生命歷程中或到了晚年，因老、因病或因逆境、障礙的磨難而令所修之佛法起不了作用，那畢其一生或平日所修之佛法的價值又何在？這是學習過程中很大的警惕與省思。「心」中有佛之後，還要「行」中有法。一旦佛法與生活全然結合，生活中就看不見明顯的佛法了，看不見明顯的佛法不是沒有佛法，而是佛法已經全然生活化。「內心」與「外行」裡應外合，無有輕重、高下之分別，此乃非內非外，「內即是外，外即是內」的美妙境界。

內修外行要從最基本的行住坐臥、開口動舌、舉手投足及待人接物中一步一腳印在生活中去落實與印證。修行不能離開人群，一離開人群就沒有甚麼法好修了，不入人群會造成孤僻，孤僻就會拒人於千里之外，這樣人家看了也不會喜歡。所以，一邊要往內淨化，一邊還要能往外度化，只要內心有淨化，就不會處事情緒化。君子物本，把握因緣從基本與本分做起，漸漸有了心得，慢慢的也就能體會上人所開示：「靜思法脈要入心，慈濟宗門要入行」的真實義了。

靜思法脈不離心 慈濟宗門不離行

二〇一四年一月，我隨師行腳至某一據點時，上人對一千多位的慈誠與委員慈示說道：「早上那一場歲末祝福的無量義經入經藏演繹，看起來很震撼，好像也很入心。但是下午的各區會務分享中，感覺慈委的互動不是很平齊哦！我感覺不到法香跟德香，感覺大家做事都還各自存在成見。一個道場有沒有法香跟德香不用聽他們講，看就知道。」這段開示是覺者觀察事情的敏銳及透徹實相之處，也是一段醍醐灌頂的警示，讓人心生警惕。

「法入心，法入行」連著講是一句話，但卻是一條雙軌道，如火車的軌道一般需雙軌並行，才不致脫軌。能做到法入心已經不容易了，但這樣只做了一半，還要做到法入行，才是內外兼修。法入心而不入行，就無法「心行平齊」，就如上台演繹法入心，下台做事不入行，這樣就是聞而不悟、修而無證。入心是智，入行是悲，兩者合而為一就是悲智雙運、福慧雙修，也才是「心入法，行如法」。所學佛法在日常生活中用不上，就體會不到佛法的價值所在。所以，聞法之後還要懂得用法才叫做「學以致用」，也才能「轉識成智」。入心叫做「聞」，體會叫做「思」，入行叫做「修」，入心是「修於內」，入行是「行於外」，兩者並駕齊驅就是內外一統，才能體解如來真實義。

佛陀的教法，重點在於「心」與「行」，心不離佛，行不離法，心行如法就是自性三寶現前。佛陀的教法就是經教，口說出來的是「文字」，身體表現出來的是「經字」，經者道也，道者路也，身體力行就是行經，經就是法，能行經自然法就容易入心，就能通曉道理，對於世間的一切待人接物就能明明了了。這是因為佛法重實踐，並在實踐過程中實際體驗，謂之「實踐佛法」，意即佛法需與生活結合，這樣的心靈感受會比較深刻，也不易忘記，所學佛法也才有價值。

慈濟修行的法門是強調「法脈入心，宗門入行」。這間中內修與外行並重，內修是在「心地」上下功夫，外行是在「行動」上做精進，心行一體才是圓滿的佛法，其先決條件就是要入人群。「博聞愛道，道必難會；守志奉道，其道甚大。」這句話提醒我們，不能只是聽經聞法，還要行經用法，有道是「誦經萬遍，不如助人一次」，「講得千萬遍，不如做一次」，講話要有說服力就不能「口號呱呱叫，行動不對號」。上人教誨慈濟人，學佛必須身體力行，守住戒規，如此便是守護善法，才得以成長慧命，並且能守志奉道，步步精進，這樣離諸佛菩薩的境界就不遠了！

走入人群，身體力行

佛陀來世間的一大事因緣是「開示悟入」，其中的「入」指的就是「入人群」。所以，「信、願、行」、「信、解、行、證」、「覺行圓滿」、「心行如一」，以及「法入心、法入行」等等，其中提到的「行」就是走入人群、行入苦難深處，也是身體力行的意思，內外兼修、內外一致，才是大乘佛法的真實義。「心外無佛也無魔，心外無法也無道，心外求法，無法可求，心外求道，道必難會。」它強調的是佛法要往內求，一旦喚醒自己的如來本性，則心鏡不再蒙塵，至情至性就能順勢啟發，這就是「反璞歸真」、「去妄歸真」，也就是清淨在源頭的智慧泉源，它就在我們每一個人的內心深處。內求就是「法脈不離心」，外行就是「宗門不離行」，兩者合一就是「靜思法脈勤行道，慈濟宗門人間路」，這也是佛佛相通、道道相通的微妙之法。

走入人群、深入苦難，從中去探求憂悲苦惱的緣起，以佛法為藥去治癒我們滿身的煩惱與習氣，以佛法為淨水去洗滌的我們汙穢的心靈，最終邁向「解脫」與「覺悟」。「慈濟宗門如大地，靜思法脈如淨水」，大地要一片清新無染，就須以淨水不斷地灑淨。同理，心地要光明潔淨，也需靠法水不斷地滋潤。所以，智慧與福報不是去求、去拜、去爭就會有所得，而是透過投入宗門去身體力行，也透過深入法脈去體解大道，這樣才是「法脈入心、宗門入行」。宗門與法脈動靜搭配得宜，就能實際體驗「福從做中得歡喜，慧從善解得自在」的真實義。其中的「做」指的就是「法入行」；「善解」指的就是「法入心」，從方便入真實，從有為中去探求無為，實在是微妙至極，這就是「大乘妙法」。

學佛不是求佛，不是透過各種形式或儀式去求功名利祿、求消災延壽、求健康智慧，甚至求子求孫，即使求得到也是假的，造福不夠的人終將失去。試想，點幾根香、一些供品，再燒一些金紙，就要求佛神保佑我們全家平安、事業賺錢、家庭幸福，還要求子孫考試第一名，如果我們是桌上那尊佛或神，相信我們也不敢承諾，更何況那些水果與祭品拜完了也是拜的人自己吃掉。這麼簡單就能求得到，那為何有些人有經歷、有能力、也很努力，卻做甚麼事都不順利？關鍵就在「福報」。「人若知道有來春，就要預留來春穀；人若知道有來世，就要勤植來世福」。靠求來的也是一時的，靠自己做來的才是實在的，這就是「如是因，如是果」的因緣果報觀。

學佛之道是：還未投入者，邀他發心承擔；已經開始行動了，還要看是否努力精進；已經做到精進了，還要看目標跟理念是否正確；目標理念正確了，還要看能否在忍辱中精進，能否在清淨中精進，否則在不正確的方向上努力就叫做浪費時間。自認已做到「做中學、學中做；做中覺、覺中悟」，最後還要來個期末總考、自我驗收——別人扯我們後腿，我們是否還能照跑不停退？遇到挫折是否能愈挫愈勇？菩薩道要關關難過關關過，則「法脈入我心，宗門入我行」的隨時自我鞭策與驗收也是十分重要。

循序漸進，千錘百鍊

隨師時有一次，一位資深委員與上人分享說道：「我來精舍做了四天早課薰法香，到第四天才有一點體會。」上人慈示說道：「聽法不一定有聽就會懂。聽四天能聽懂一點，這算是中根機。恆心與耐心很重要，就像是用紙撈魚，撈久了也會撈個一兩隻。」所以，聽法也是要有鋪陳與醞釀，也就是循序漸進的累積與持續，此猶如未投入志工服務的人，我們邀約他加入付出的行列，已投入者則邀約他繼續參與志工培訓，已培訓者期勉授證委員，期許承擔更多的使命與責任，這樣的「做中學，學中做」就是慧命啟發的鋪陳，只要精進不懈、日積月累，乃至有朝一日慧命增長，自然就能「做中覺，覺中悟」。佛法講因緣、重次第，強調按部就班與循序漸進，所以學佛沒有速成班，因此萬事俱備之後才能談只欠東風，否則就會是颱風或颶風。必須透過不斷地自修、共修、清修、漸修等等，並藉人群中人與事的千錘百鍊與千雕萬琢，待時間、條件、因緣具足，才有可能煉鐵成鋼、琢玉成器。

有一次上人在一個營隊的圓緣中開示問大家：「法從哪裡求？」那時，我心想上人怎麼問這麼簡單的問題，學佛者都知道「法在恭敬中求」。不過，我再想想，上人既然這樣問，答案應該不是我們所想的。果然，上人慈示「法在勤中求」。一勤天下無難事，勤能補拙。有求法若渴的心念才會激勵自己精進，精進心可以對治懈怠，習慣精進的人不會自覺自己很精進，因為那只是一種生活習慣而已，反而時間無意義地蹉跎浪費掉才會自覺懈怠。此猶如習慣忙碌的人也不會有忙碌的感覺，因為忙碌已經成為一種生活習慣。也猶如習慣遠行的人不會覺得路很遙遠，只有那些習慣閉門造車、墨守成規、抱殘守缺，以及無法放下成見的人，即使打個電話去請教人家，或善知識在他面前出現，或出個門去學習都會覺得繁瑣與遙遠。

有一些志工雖愛做慈濟，但卻不愛讀書，雖愛入人群，卻不愛入經藏，上人說妙施權、應機權教，以方便法透過經藏演繹培養大家讀書的習慣，現在讀書習慣養成了，也法喜充滿了，不讀書又覺得不習慣了。現在更進一步要求慈濟人要「晨鐘起，薰法香」，一大早起床也是不習慣，但慢慢習慣早起，要你晚起又不習慣了。所以，「晨鐘起，薰法香」在大家互相鞭策、激勵之下，愈多人習慣早起精進，道場就愈來愈有人氣，道場人愈多自然道氣充盈，人人共霑法益、同霑法喜，這又是一股驅動向上的力量循環。

如今，「晨鐘起，薰法香」的精進入法已擴及全球慈濟據點，志工們在投入宗門走入人群之際，也藉聞法香深入法脈，此已蔚為一股精進修道的道風。

上人曾在開示《法華經》中解釋：「精進者得早成佛，懈怠者雖有成佛之日，亦遲數劫。」意思是懈怠的人即使會成佛也是很遙遠。一般人晚上習慣晚睡，其實晚兩個鐘頭睡覺，也只是在東摸摸西摸摸，看看電視，聊天雜話，所以嚴格講這兩個鐘頭不是屬於自己的，而且是浪費掉的。但如果早兩個鐘頭起床晨鐘起聞法香，讓自己的身心有獨處與沉澱的時間，也從中讓自己的身心浸潤在法海中、陶冶在法香中，這樣這兩個鐘頭就是完完全全、實實在在的屬於自己的。

平常自然，薰而不薰

把薰法香當作每日固定的生活作息，就像吃飯、睡覺、洗澡，甚至是跟呼吸、走路一樣，這就變成一種生活習慣，是很自然平常的事情。我們不必去提醒自己甚麼時候要吃飯，或吃飯要用心，也不必提醒自己走路要用心，結果也都吃得很順、走得很順，這叫做「用而不用」。我們不必提醒自己要記得呼吸，然而分分秒秒也是呼得很順、吸得很順，這種意境就是「思而不思」。我們沒有刻意學習，但是在承擔的過程中已獲得學習的機會而令經驗、能力與信心增長，此謂之「學而不學」。其他如忍而無忍、修而無修也是一樣的道理，這些都是無為而無所不為的意境，謂之「無為而治」——看似無所為，實則無所不為。所以，除了一日三餐的生理食糧以外，也把薰法香當作每天必需的心靈道糧，一旦薰法香與生活作息結合，那就是很平常心的「薰而不薰」。

薰法香除了讓我們入經藏、開智慧之外，也同時培養我們早起早睡規律的生活作息。生活作息不正常或不規律，本身就是處在一種亂的情境，此與修定是背道而馳。既然這是一條修道與修佛的必經之路，我們唯有靠毅力去克服早起的困難，才有可能自我超越與突破。如還是不見效，那只好學習孟子的「強恕而行」，孟子認為人有惰性與使役性，即使行善造福也是要下勉強的功夫。既知是正確也勢在必行的事情，然卻身不由己或有心無力，此時只好強恕而行，勉強自己久了，就不再有勉強的感覺，因為已經習慣成自然，此時就是入「薰而不薰」的微妙境界，也是藉假修真由方便入於真實的一乘妙法。

二〇一三年九月，上人利用一個週日下午對全體清修士開示，時正值我隨師有幸從旁學習，其中說道：「昨天及今天你們清修士每月一次共修，我聽你們在分享讀哪一本書及哪一本書，其中的哪一句話又如何讓你有體會，可是昨天我在晨語中開示的話你們一句都沒有提到，好像水流過水管，水管就變成乾了一樣。你們要學的法不是那種飛天遁地、騰雲駕霧或出神入化、無中生有，法都在你們的日常工作中。修行最難就是那一念心，要向內找，不是向外找，平常所學的法，要在日常生活中用得到才是妙用與印證。」並說：「早上我聽見有人跟你們分享，要大家常念《大悲咒》、《十小咒》等等，我是不以為然，我倒是鼓勵大家多去體會《無量義經》，《無量義經》是法華經的精髓，是慈濟四大志業八大法印的基礎。昨天你們在分享五根五力，其實就是在提醒大家不要對自己所修的法沒信心，不要懷疑自己。發生災難的時候，寺廟的佛像會走下來去救災嗎？還不是要靠人間菩薩。修行不能離開現實，也不能妄想太多。」這樣的開示實為鞭辟入裡、直指人心，也一語道破一乘真實法的真實義，令人豁然開朗。

學佛就是學「恬安淡薄，無為無欲」的無所求，從中解脫慾望的羈絆，解開心靈的梏桎與枷鎖，讓身心因放下而輕安自在。有所求會因日積月累而形成心靈的沉重包袱，這與學佛要減輕包袱或放下包袱是背道而馳。人生唯有「不忮不求」才能隨遇而安、隨緣自在，這是一股寧靜的力量。上人曾教導慈濟人：「做慈濟是默默付出無所求，如果要有所求，那就是求智慧增長。」其實，這就是學佛修行的最大目的與本懷。智慧與煩惱的連帶關係是：智慧增長，則煩惱自動減少，煩惱增長，無明隨即出現，無明一起，慧光自動消失。煩惱與無明就如哥倆好一般，一個出現，另一個就隨侍在側。而煩惱與智慧兩者是一消則一長、一起則一滅。煩惱長，則智慧消；智慧長，則煩惱除，所以才說「消除煩惱就是慧」。此猶如黎明出現，則黑暗自動消失，也如遭逢困難與挫折時，你強它就弱，你弱它就強，都是一樣的道理。

道場就在自心中

真正的道場不是在佛堂裡，而是在日常生活中，在人群中，更在自己的心中，所以才說：「佛在靈山莫遠求，靈山只在你心頭，人人有個靈山塔，好向靈山塔下修。」因此，不必往外去尋找靈山塔，靈山塔就在日常工作中，在日常生活中，更在自己的心中，往外尋找就如緣木求魚，那是跑錯方向也找錯對象，最終將空忙一場。「不外求」不是意味不要入人群，而是強調「佛法在世間，不離世間覺，離世覓菩提，猶如求兔角。」所以，在人群中做人處事，不能離開世間法，沒有世間法就難以探求真實法，做入世的工作，雖還是要用世間的方便法，但方便法中要蘊藏著真理，如此方為真實之道。

慈濟四大志業八大法印即所謂的慈濟宗門也是世間法，從世間的人與事去印證出世間的法理與精神，這就是「靜思法脈」，所以沒有靜思法脈就沒有慈濟宗門，要理解靜思法脈法就要投入慈濟宗門，慈濟宗門是「外行」，靜思法脈是「內修」。能內修，也能外行，就是「傳承靜思法脈，弘揚慈濟宗門。」一動一靜，一個是有形，一個是無形；一個是「隱實」，一個是「施權」，也就是「用出世的精神，做入世的工作」。因此，兩者密不可分，這是微妙的心地法門，充滿無限的智慧，在人群中學習，最終還是印證在人群中。這樣的道理也可印證上人的思想體系及精神層次，上人認為：「殺生」廣義的來講，不只是殺害蠢動含靈的生命，浪費物品、破壞物命也是一種殺生。例如手機還好好的卻一直汰舊換新，這樣讓物命減短或停止也是一種「殺生」。「齋戒」指的也不只是吃素或不殺生而已，不退別人的道心，不斷別人的慧命，也都是齋戒。「道心堅固」指的也不只是自己不會退轉，或會繼續做下去而已，也能夠照顧別人的道心，讓別人不致退轉，這才是真正的道心堅固。

人群中的每一個人都是一部經藏，也都是一面鏡子，值得讓我們虛心學習，擇其善者而從之，擇其不善而改之，不是改別人，而是改自己。例如：面對不守規範或沒有團隊精神的人，我們不必去說他的不對或不好，對錯好壞也只是觀念而已，何況我們還需提起正念去善解對方是沒有能力不顯露習氣，善解有一些人就是沒有能力不說是非，但至少他還是有心要來學習與改善。

其實，我們自己也是積習未改的凡夫，正人先正己，即使自己修到少煩惱或沒煩惱，也都還有煩惱的殘渣不易察覺，煩惱的殘渣就叫做「習氣」，這是障礙我們修道的關鍵因素。《靜思語》警惕我們：「要批評別人之前要先想想自己是否完美無缺。」既然自已都還有缺陷，如何要求別人完美，所以才說「以責人之心責己就能少過失」。

學習佛陀知人、知時、知地

然而，面對失序的亂象與知見不正的言論而影響大眾的視聽，還須有人能主動提起勇氣適時宣說正法、撥亂反正，為祥和社會做砥柱，為癲狂慌亂作正念，也要能為生盲做耳目。說話也是要智慧，因緣不具足時，說了也是白說，甚至言多必失，此時就適時保持沉默；因緣具足時，該說的還是要有勇氣說，但也要善巧圓融地說，要直話圓說，不要口無遮攔，不要去說人家做得不好，而是要說怎麼做會更好。此有如開檢討會一樣，不是要追究誰做得不好，而是要討論將來怎麼做會更好。沒有人會喜歡被人檢討，沒有人會喜歡不被尊重，我們也不去做一個不懂得尊重他人的人，更不要做一個不會做事卻只會批評的人。學佛的戒尺是用來規範自己，不是去度量別人；

《靜思語》也不是用來教訓別人，而是用來警惕自己。佛法告訴我們「人格成，佛格就成」。並說「未成佛前先結好人緣」，要這樣就要謹言慎行，學習佛陀知人、知時、知地的智慧，因人、因時、因地而說法，這就是「法入心，法入行」的由權智入於實智，所以才能智慧圓融、辯才無礙。

做人處事不可直來直往，說話也不可心直口快，即使在人緣、時緣、地緣具足之下要成就事情，還是得觀察臨門一腳的最佳時間點，否則關鍵時刻一個動作不對，一句話說得不得體，一個聲色不柔和，或一個方法用得不對機，都有可能功虧一簣而產生反效果得罪人。此有如渠道挖掘好了，總得等下雨才有可能水到渠成，也就是要耐心等待因緣，「沉得住氣，耐力變定力；沉不住氣，前功會盡棄。」所以行事要三思而後行，說話要先靜後思再語，莽撞不得、急躁不得。

有一次隨師時，上人對志業體同仁開示，強調人人要徹底檢討錯誤並改過，要站在超然立場做決定，既定事項切勿任意遽然改變，行事前須先尊重知會等等做人做事的道理。並教導志業體同仁：「已知自己犯了過錯，並且態度不佳而在人我之間起摩擦，要徹底檢討自己的錯誤，找到問題的根源，誠心改過，不要只是用『經驗不足、求好心切』為自己開脫過錯。志業體同仁只是在志業體裡的一個單位工作而已，經驗充足的志工是長年累月承擔功能、負責活動，現在有針對此一功能組而辦的重要大活動，尤其又有許多海外志工特地返臺參加，應該事先徵詢志工們對同仁所擬定的企畫案有何建議，相信志工們都會以疼惜同仁的心予以協助。

再者，既知此一活動對志工們來說意義非凡，人人都很重視，就應該要找較具有承辦跨國大活動經驗、早已養成團隊默契的地區志工來承擔工作，不能因為覺得自己和某地區志工互動較好，就讓他們承擔。即使他們也很有心，在各社區道場也做得很好，但是人數不足也難成事，若要結合不同地區的志工來共同承擔，這也必須給予一段時間相互熟悉、建立默契。並非不能找較少承擔大活動的志工團隊來工作，對於任何一個地區的志工，我都很期待大家能夠成長到相同的高水準，但是要讓志工藉著承辦活動成長，也要看場面，或事先請訓練有素的團隊來支援，藉以帶動這些工作人員，讓大家共同成長。」

上人指出，之所以達不到「人和」，就是在行事時讓人覺得不受尊重，很多事情沒有事先知會，臨時打亂已經排定的事項，讓人感覺行動受限之外，又疲於應對突發情況。「對於師父來說，每一位弟子都很重要。要知道人才得之不易，而且志工們是這麼用心在付出，真是用生命在做慈濟，尤其許多志工有豐富的社會經驗，已是祖父級、祖母級，若是得不到尊重，也會讓他們的熱情退失。」上人說，有專才、有經驗又有團隊默契的志工，是必須經過長時間的陪伴與培養才能成就的。但若人不和，在很短的時間內就會讓這些好不容易培養起來的人才流失了。上人也指正「怒目金剛」的說法，這是在面對別人不分是非就惡言相向時的自我善解，讓自己不生煩惱。自己做錯事了，別人說重話指出錯誤是應該的，必須虛心接受、徹底檢討。

事出必有因，要探討問題發生的原因以妥善解決，不能設辭掩蓋。這是上人對人群中做人處事的精闢開示，很值得我們的警惕與學習。

生活佛法，人間菩薩

「大乘論心不論事，小乘論事不論心。」「不論事」不是不做事或不管事，而是強調在做人間事的當下不要執著事相而落入名相或我相，否則煩惱將如影隨形。「不論心」不是不修心或不用心，而是不要讓內心與外境相互糾結或沾染，心不離境就會心與境互相糾纏而造成心隨境轉。逆境與順境皆不著兩邊，不但不貪戀順境，也不埋怨逆境。「心與事」或「心與行」須兩者兼顧也不落兩邊，這樣才能理事相應、理事相通。事情表面甚或生活中看似無明顯的佛法，實則佛法與生活中的人、事、物全然結合，這才是佛法的真正價值所在。所以，法門非高非下、非大非小、非方非圓，萬法歸宗，皆歸一乘。佛陀宣講《法華經》彰顯一乘道，而不講大乘與小乘，也是要避免聽法者造成大小乘的分別相。

佛陀時代，佛陀的理想是：未來的菩薩是要能在人群中轉法輪，這就是「人間菩薩」。

修行既然不能離開人群，人群中修練也離不開人與事、心與行，則在日常生活及工作中的藉「事」練「心」、「事」繫「心」閒、「事」忙「心」不忙、「心」過關「事」就過關、「心」不難「事」就不難、「心」看開「事」即放下等等，心與事是隨時緊緊相扣、脣齒相依，兩者互為助道，就是法華菩薩道所強調的「佛法生活化，菩薩人間化」。這樣的思想與精神唯有透過將身與心投入時間、空間、人與人之間，實際去體驗才能一一印證，這是心智成長的過程，此即「法在工作中」、「法在人群中」、「法在心中」。具足菩薩行與福德因緣，才能證得實相妙有之智，了達一切。

靜思法脈講的是法理，慈濟宗門講的是人事。宗門有形，法脈無形；宗門是方便法，法脈是真實法，兩者心行如一、心行平等，此即由方便入真實，妙用在人群及生活中即成妙法。上人對不同團隊與對象的觀機逗教與權妙施教，可以深刻讓我們體會到「法脈不離心，宗門不離行」的精深絕妙之處，此即「一乘法」的精神所在。

朝聞道 夕死不可 勤行道 死而後已

聞法而得法不容易，尤其末法時期要見聞正法並勤行正道，更是難得，一旦見聞受持而修道有成，更要珍惜、感恩。孔子說：「朝聞道，夕死可矣。」可見孔子對見聞正道與真理的殷切及滿足之心。其實，這樣的心念我們多少也可以感同身受，有時候我們聽到智慧法語一句而契合我心，或應機產生共鳴而大徹大悟，我們也會如獲至寶一般有無限的法樂。上根機或修行境界高的人聞法而得法會有「禪悅為食」般的精神樂受，中下機或初機者而言，聞法之後法喜充滿也能產生妙用，這也是妙法悉現在前的力量泉源。

二〇一二年年中，我帶了十多位新馬的行政同仁返精舍，這些同仁大部分是畢業多年的慈青學長，大學時期即投入慈濟，畢業後回歸志業體上班，對上人實踐佛法的修行方式有追隨的願力。因此，在號召之下一起返精舍，想深入了解清修士的種種清規戒律與作息方式，以鋪陳自己的修行之路。抵達精舍第一天，上人立即召見，想聽聽大家對返精舍當清修士的心聲。彼時，好幾位在分享時都說：「我當清修士是要為甚麼？是要做甚麼？」也有人說：「回來是要親近上人，是要幫上人。」上人在聽完眾人的分享後慈示：「不是為上人，而是為天下人。也不是幫上人，而是幫自己。」這句簡短扼要的開示是對修行之路的心念定位，對修行路有莫大啟示，須隨時謹記在心。

隨師時，也有一次上人對海外一群幹部開示：「不要有要度多少會員及要度多少榮董的心態。」上人並未繼續解釋為何。然而，乍聽之下會感到疑惑，上人一向以來積極呼籲大家要社區愛灑，菩薩大招生，如今卻說不要有度別人的心態，這樣不是兩相矛盾？其實不然，這是鞭辟入裡的智慧開示。不是不要去勸募榮董，也不是不要對外度眾，而是當我們要去對外度眾的時候，必須同時起一個先自度的心念，自度之後才能度他，自覺之後才能覺他，度自己比度別人還難，自己都度不了自己，何來度人？自度與自覺是「修於內」；度他與覺他是「行於外」，先內後外並內外一致，先充實好自己才會有能力去影響別人、改變別人。

心中入法，喜結好緣

二〇一四年一月，上人歲末祝福行腳至臺中時，對眾委員慈誠開示說道：「自己沒有入法，如何向人說法？自己沒有薰法香，如何向人傳法？」並說：「要聞法入法才能跟上我的腳步，不聞法入法就會跟菩薩隊伍脫隊。」這就是警惕我們：要接引別人之前需先鞏固自己，唯有自己道心堅固、信心堅定而屹立不搖，才有可能拉人一把，也唯有自己有力，才有可能助人一臂之力。同理，自己心中沒有法，如何去菩薩招生對人家募心，若募不到別人的心，卻要影響別人也來一起投入大愛的行列，那是很困難的事情。

孔子說：「人道邇，天道遠。」這是警惕我們不要捨近求遠而好高騖遠，必須循序漸進、按部就班，這是次第及遠近取捨的智慧，與正信佛法是佛佛道同、法法相通。佛法是往內求，心外求法則無法可求；心中有道不覺就不悟。先從自己內心做起，心通人就通，人理要先懂，人理通，佛理自然通。相反地，若只是很懂得佛理，但卻不懂得人與人之間相處的基本道理，這樣所學佛理不近人理，學佛再久也找不到真理。佛家說：未成佛前先結好人緣，先在人群中廣結善緣，上人言：「人格成，佛格即成。」就是此意。孔子的意思是提醒我們，人跟人之間相處的人理如果還不懂或還做不好，怎麼去探討更深一層的天道與真理？就如同可以發心遠行去黑暗角落服侍那些孤苦無依的老人，但卻不能孝心對待家裡的堂上活佛，也如同可以用心去深入苦難膚慰災區的災民，但卻不能以平等心對待道場裡的法親，這些都是本末倒置，也算是顛倒。

有一次隨師至高雄，上人對著高雄人醫團隊慈示：「你們平常在本地辦義診，那是就近跟本地的病苦眾生結好緣。你們遠去大林幫忙割稻穗，這些稻穗放在福慧紅包裡去跟全球慈濟人結緣，這也是廣結眾生緣。」這樣的道理要覺悟，然而只是覺悟道理還不夠，還要入人群去力行。覺悟之後的行動也要圓滿，才會是「覺行圓滿」。自己很容易藉事練心而覺悟叫做「自覺」。然而，自覺只是自己了悟，如果無緣，還是無法覺他，所以「緣」也是重要因素。要自覺再覺他才是圓滿，這與「自度度他」一樣，對內與對外一前一後、內外一統、入出一致，這才是佛法的圓滿與恆順。

二〇一三年十一月上人行腳至關渡時，對一群實業家開示說道：「只是與人結好緣還不夠，還要心中有入法。與人結好緣但心中不入法，這種緣可能會結交一些物以類聚、吃喝玩樂的酒肉朋友。」所以，心中有入法又能與人結好緣，則必定是處處與人以法相會。

同樣上人開示的話，上人對我們說有其說服力，我們對別人說就沒那麼有力，癥結就在「德」跟「緣」。「德行」跟「眾生緣」的養成都離不開人群，而且也非只是今生所修之德及今世所結之緣，因此兩者都具足了才會「覺行圓滿」，這是聖者的境界。隨師時，有一次一位行政同仁很疑惑地請示上人：「上人，為什麼你所堅持的事情都變成原則，而我們堅持的事情卻變成執著？」上人手指著自己身上的袈裟回道：「你要知道我身上這件袈裟是穿了多久！」語帶玄機，猶如當年佛陀拈花，大迦葉微笑，彼此「以心印心，以心傳法」，一切盡在不言中。所以，在末法時期能有機緣修練正法，此乃百千萬劫難遭遇的一大事因緣，不只是今生今世，而是累生累世。

勇於投入人群，難行能行

有些志工擔心自己所言沒有說服力，在說話之前先冠上「上人說」，來說服別人自己所說的話是真實不欺。但問題是，既然你也「上人說」，他也「上人說」，同樣都是上人說的真理，為什麼不同的嘴巴講出來卻兜不攏？為什麼團隊之間在同一個理上卻無法達成共識？這是很值得探討的事情。問題就出在自己是選擇性地聽上人的話，而不是放空自己並全然攝受，這樣就很容易依自己的主觀與定見去片面解讀而斷章取義，造成上人說法時，雖「四眾同聞」，但卻「法未同解」。其實，「法隨眾生，各得其解」也沒關係，只要「依義不依語」至少還不致偏離所聞道的真實義。然而，你聽到的理跟我聽到的理之所以會不同理造成落差，癥結就在心存分別相，只聽自己想聽的，或選擇對自己有利的才聽，這樣要建立團隊共識就很難，要契入「一乘實相」的教法就更難。

有一次，一位志工向上人報告會務時，提及會這樣做是因為組長跟他們說這是「上人說」，由於明顯曲解了上人的意思，上人反問道：「你們都說是我說，我甚麼時候這樣說？即使有說，也要看是在甚麼情況、甚麼場合，對甚麼對象而說。」所以，聞道聞法也要用心，才不會造成一知半解甚或曲解而錯解如來真實義。

佛陀涅槃之後的結集經典，如果不是統一一個「如是我聞」，而是人人都以自己的見地「如是我聞」，則很可能也是會「眾說紛紜處處聞」，造成虛實難分辨、理事不相應。斯如此，則所聞法落入「類似法」，而非「正式法」。上人曾慈示：「兩千多年前的『如是我聞』到現在時空轉變，距離那麼遙遠，有些經中所說實在不可考，應該拉回來跟現在的社會結合。」並說：「讀經要善解有些經中的描述是理想中的理，要真人真事、合情合理，這樣才是真理。」這是精闢的見解，值得我們探究。

有一次，上人行腳在高雄時，一位培訓完成即將授證委員的師姊，由於發現罹患乳癌而不敢受證，在一位資深委員的陪伴下拜見上人說道：「上人，我因癌症在身，擔心受證之後無法承擔太多的工作，所以不敢受證。」上人隨機對眾開示：「每一年的全球慈濟日，都有一些海外慈濟人即使身體有病或行動不便，都會想盡辦法拄著柺杖或坐著輪椅，都要飛來臺灣受證。你現在身體有病，才應該要把握因緣趕快做，趕快受證，從投入人群中勤耕福田，也從中接受更多人的祝福。」這就是慈濟宗門的實相法，也是大乘佛法的菩薩教義。

勇於投入人群，才不會孤立自己，人群中有諸多磨練與考驗，菩薩道修行是以解導行、解行並重，所以強調內修與外行，需身體力行與親力親為，才能解行相應，這需要信心與願力，因為不容易，所以是難行道。然而，只要難行能行，對的事情做就對了，那就是一條解脫與覺悟的真實之道。

以戒為師，由證而覺

離我們近的事情，甚或自己本分要做的事情都沒做好，如何去做離我們還很遠的事情，不能捨近求遠，所以才說「人道邇，天道遠」。就如上人曾經開示：「你身邊的人都不能愛，那你的大愛是要愛誰？」並說：「與其求菩薩，不如自己做菩薩。菩薩大招生之前要自己先是菩薩，傳承法脈之前要自己先有法脈。」真是醍醐灌頂、一言中的。同理，要淨化人心就要先淨化自己，要唱「讓愛傳出去」之前，要先唱另外一首，叫做「把愛找回來」，自己先有愛才有可能對外送愛，自己先有法喜才有可能對外法喜分享，要傳承法脈給別人必須自先入法有成，我們總不能給別人我們沒有的東西。這些就是佛法講因緣、重次第的圓滿之處。

投入書軒當人文志工不能只是努力對外推銷書籍，書軒就是入法與傳法的道場，是為弘法而流通，不是為營利而推銷。書中有道，跟心中有道一樣，必須自己先聞道入法，才有可能向外傳道傳法，所以才說「人能弘道，非道弘人」。推動讀書會也是一樣，是要參加讀書會的人學以致用、解行並重，不是為增加知識而讀書，而是為啟發智慧而讀。很會讀書自己內修，也懂得千經萬綸，但卻不走入人群去外行，這樣所讀不能學以致用只能叫做「書匠」。所以，不能讀死書，讀書也是要有要領、要有方法，讀你千遍不言倦又怎樣？能讀萬卷書是很好，但還要能行萬里路，甚至行萬里路勝讀萬卷書，因為：「知而不行是為不知，不知而行可以致知。」所以一乘菩薩道強調解行並重，道理在此。講得千萬遍，不如實際做一次；誦經萬遍，不如助人一次。

同理，醫師如果只有妙手但缺妙法，也不能叫做「良醫」，只能叫做「醫匠」，因為只會醫病，不會醫人與醫心。醫生要有妙手才能除病人的疾患，要有妙法才能安病人的心靈，兩者同等重要。沒有走入人群去實踐，就無法印證視病如親的「妙手妙法妙人醫」，這樣讀得再多也只是停留在知識的領域裡。有醫術還要有醫德，才會有醫療人文；有讀書還要能學以求解，解後能行，這樣才會解行相應。「信、解」之後，還要身體力「行」，最後也印「證」而「證」悟，才是走向「覺」與「悟」的真實之道。

隨師期間，有一次一位學佛多年的實業家夫人請示上人問道：「佛跟魔同時在世間，講的都是佛法，那我們如何用智慧去判斷真假虛實？」上人回道：「看他的戒律。」這是大根大智者徹悟真相與洞見實相敏鋭之處，很值得我們惕厲自省。佛陀即將涅槃之際，阿難尊者代眾弟子請示佛陀：「佛在世時，我們以佛為師，將來佛不在時，我們要以何為師？」佛開示：「以戒為師。」所以「以戒為師」是佛弟子修道的最高指導原則，戒規持得好自然有德，而修一身之德則無事不成。與有德之人相處會如沐春風，心生歡喜；有德之人所到之處自然是以法相會、以身示教，眾生心悅誠服。所以，不能只是聽其「佛言佛語」，或視其「佛模佛樣」，還要觀其「佛心佛行」，佛與魔之差別可以從最細膩之處，也就是最基本的「戒律」看出端倪而分出高下與真偽。

聞法還需行法

「朝聞道，夕死可矣」是孔子認為見聞正道之不易，所以才說一旦有幸見聞就可以死而無憾了。聞正法的殊勝、重要與難得，這與武則天所寫《開經偈》中所言「百千萬劫難遭遇」是相互呼應。劫是很長的意思，分大劫、中劫、小劫，一個大劫有成、住、壞、空四個中劫，一個中劫有二十個小劫，而每一個小劫是一千六百八十萬年。所以，要互相遭遇就如汪洋大海的海面上漂浮著一塊有一小洞的木板，而大海裡的某一隻烏龜浮上來把它的頭鑽進洞裡，從洞中伸出來，這是可能性極低的概率，所以才說這是極為稀有，也極為珍貴的遭遇。現今五濁惡世世風日衰敗，道德日微弱，是非混淆、人心險惡，所以見聞正法就如濁世中的清流，也如末法時期裡怪力亂神、妖言惑眾、夜叉邪魔及譁眾取寵的邪知邪見中碩果僅存的正法。

慈濟宗門成立後，上人以「靜思法脈勤行道，慈濟宗門人間路」鋪陳了一條以法華一乘法為基礎，邁向「為佛教，為眾生」的真實之道。彼時，上人鑒於以正法淨化人心社會的工作已來不及，曾在對眾開示中語重心長地言及自己「又急又悲」。急的是「自己說的話弟子們還聽不懂」，這是因為弟子們沒做到，所以被認為聽不懂，蓋因聽得懂就應該是依教奉行做得到。悲的是「當前社會人心是非分不清」，這是指似是而非的論調透過媒體亂源的誇大喧染造成積非成是、倒果為因，所以是非混屯、真偽難辨，造成社會風氣亂象叢生，人生價值觀錯亂，這些濁流都正加速在腐蝕人們的心靈，也深深地擾亂社會人心。

現在壞劫時期不同於孔子及佛陀時代，修練佛法也須因時空不同而有所調整，這樣才能依現世人心動態與社會變遷與時並進，去契合時代而說法，這樣才是「佛法不離世間法」。所以，現在我們不能說「朝聞道，夕死可矣」，早上才聞道，晚上就死掉，這樣很可惜，實在很不妙。我們要期勉早上聞正道，立即勤行道。不只是要多聞，還要多做，就如聞法之後還要用法，道理是一樣。聞法很重要，用法更重要，會聞不會用，或只學不會用，就如耕田而不播種，都是空過因緣。

「聞法」才能信、解，「用法」才是行、證；「聞法」是入經藏，「用法」是入人群。上人曾開示：「為佛教，為眾生的原則要維持中道，不偏任何一方。我知道自己所做的是人間事，我要講能讓人聽得懂，而且現在就能做得到的道理，不是只有自己聽得懂，會寫會說，卻做不到，這不是我們的方向。」這是提醒我們聞正法與行正道需雙軌並行，而其精神與理念的圭臬就是：靜思法脈是為佛教，慈濟宗門是為眾生，為佛教與為眾生不著兩邊，也不偏不倚，這樣依中道而行，是為心行平等的中道，也就是心行平齊的慈濟世界，慈濟法門之美也是在這裡。

要行道，也要有道可行；要用法，也要有法可用。究竟之道就是菩薩道；可用之法就是一乘法。道法不必遠求，就在自心。佛陀時代，佛陀講經說法，弟子們聽經聞法，弟子們是入經藏易，入人群難。聲聞、緣覺本質上是不入人群，但如是菩薩化身成為聲聞緣覺的當然會入人群。上人時代，上人講經說法，弟子們行經用法，入人群易，入經藏難。所以近年來，上人急切呼籲慈濟人「晨鐘起，薰法香」，並用心良苦藉推動入經藏演繹及成立讀書會，培養慈濟人深入經藏及讀書的好習慣，就是提醒我們「下化」之際不要忘了「上求」，一旦上求「聞法」，也要下化「用法」，才能自度度他、自他平等。所以應該是：「朝聞道，夕死不可；勤行道，死而後已。」

發願容易行願難 發心容易恆心難

隨師時，有一次上人對眾開示：「修行如駕馭慈航，從凡夫的此岸渡海到聖人的彼岸，若心中有法、有願力，大海就如昇平的法海，慈航就能順利過法海到彼岸。若心中無法、無願力，大海就如澎湃的欲海，駕船行在起伏不定的波浪中，如何能自度又如何能救拔苦難？」這提醒我們：人生或修行的路充滿坎坷荊棘而起伏不定、順逆無常，能否在順境中不迷失、在逆境中逆增上，則「願力」與「入法」是關鍵所在。要自度度他及救拔苦難更是自己要先能法入心、發大願，要法入心就要薰法香，要發大願就要勇猛心。

人很容易在感動的時候說出發願的話，但卻也很容易在無明的時候忘記承諾的話。我們很容易在氣氛溫馨、道氣充盈的情境中因觸景生情而發心立願，這是好事。然而，如果發願過後卻無行動跟進，雖很虔誠但缺精進與勇猛，這樣所發的願也會是空願。而若已發願，也付諸行動，但卻不能恆久持續，碰到一點小挫折就萌生退意，這樣也是難以願成。如果條件因緣具足，卻擔心一旦承擔過後會失去自由而無勇氣去勇敢承諾，這也是一種懦弱與欠慧。所以佛家才說：「發願容易行願難，發心容易恆心難，守戒容易持戒難。」恆常不斷的力行，是見證道業增長與性靈成長的基本精神；「路遙知馬力，日久見人心」指的也是這個意思。

佛家深信「有願就有力」、「願大力就大」，祈願藉願力而廣行布施或度化眾生。然而，只是廣行布施行善做好事，或參加救災濟貧工作，抑或參加各項志工或公益活動，這樣還不能算是行於菩薩道上。菩薩道是一乘大道，也是如來真實義，講求內修與外行。如要行於菩薩道上而遊化無礙，就必須「信、願、行」三者兼備，如鼎之三足，缺一不可，這也是行菩薩道的三大條件。行而無信願，不得成就；信願而無行，也是不得成就。唐朝法眼文益禪師就是一位非常重視積極實踐的禪者。有一次一位學生問他：「什麼是人生之道？」法眼禪師直截了當回答：「一願叫你行，二願也叫你行。」

所以發心立願之後的積極行動是能否願成的成敗關鍵，這就是上人常常教誨慈濟人所強調的一句話：「對的事情，做就對了。」這個「做就對」就是「付出」，也是成事的緣起，這也與孔子所說「坐而言，不如起而行」是異曲同工，這就是大乘佛法的中心思惟，更是慈濟法門的精神層次與思想體系。

沒有發心立願的力，那是筋骨的力量；虔誠發願後的力，那是心靈的力量。然而，有願而無行，那是空願。空願沒有力量，就好像空頭支票一樣，如廢紙一張。所以才說：發願有如開支票，如果會跳票，不如不開票；既然已開票，必須是鐵票；發願後還願，這樣才有效。重要關鍵時刻的發心立願，有時候會是成就道業的一大事因緣，就如足球比賽的臨門一腳，是舉足輕重，也是勝負關鍵，而其時間點的取捨也是需抓得適逢其時，這樣的絕妙又與智慧息息相關。

虛空有盡，我願無窮

當年印順導師給證嚴上人只是六個字：「為佛教，為眾生。」而上人把握當下奉為圭臬並徹底實踐，造就今天日不落的慈濟世界。也如當年上人發現地上的一灘血而發心立願要在地處偏遠與醫療落後的花蓮籌建慈濟醫院，造就今日全臺有六家慈濟醫院的醫療普遍化，而其蘊藏的醫人、醫病、醫心的醫療人文，更是海內外許多醫療學術單位競相學習的對象。而全球首屈一指的大體捐贈與模擬手術，以及救人一命無損己身的骨髓捐贈，更是打破迷信建立正信正念的醫療創舉，凡此種種皆是上人當初「把握當下，恆持剎那」的延伸，所以上人才說「一秒鐘，一輩子」，並說「永恆即剎那，當下即永恆」，這一秒鐘念頭的轉動，實在影響深遠，也無遠弗屆，甚至潛移默化地正在影響全世界。「虛空有盡，我願無窮」就是這樣的意境。

有人說「發了願就會有魔考！」這樣的說法不對，這樣誰敢發願？有人說「這個人很愛行善，但怎麼命運這麼不好？」這樣的說法也是不對，這樣誰敢行善？「發願」是對一件事情的勇敢承諾，從而產生不可思議的心靈力量；「有障礙來魔考」那是有其宿世因緣，不是因發願而來，不能混為一談。「好行善」是為來世植福；「命運不好」是前世所造因，今生受其報。所以命運不好不是因為很愛行善所造成，而是其宿世因緣所致，兩者也是要區隔清楚，才不會似是而非、是非混淆，這樣才是正知正見。

不敢發大心立大願的人，通常都是習慣逃避承諾與承擔的人，也比較會逃避現實、逃避問題，這樣的人心理健康比較差，適應變遷的能力比較弱，這樣的人一旦遇到一點困難或挫折的時候，常會感到壓力很大，挫折感很重。愈不敢發願承擔的人，由於潛能一直無法被激發出來而卡在身體裡面，這才是真正的失去自由。其實，人不用怕身體有承擔，最怕是心理有負擔，所以靜思語才說：「不求負擔減輕，但求力量增加。」有心無力或力不從心都叫做身不由己，身不由己的人就像有體無魂的稻草人，無法主導自己的人生，只能隨波逐流，無奈地被各種境界牽著鼻子走，所以當然無法做自己生命中的主人。心中存著「為生活而工作」，就是一種無奈，「為工作而生活」才是喜悅的人生。所以，常有人說：「人在江湖，身不由己。」那是指被亂境羈絆、心有牽掛，加上雜念與貪念太多，所以身心都被時間與物慾綁架而自己做不了主。然而，如能透澈人生、學習放下，則任何事皆能自由自在地自主，也能隨心所欲不逾矩，這樣就是「人在淨土，身心由己」。

多年前，慈濟於馬來西亞的雪隆分會，幹部們在一次培訓中，在執行長的帶動下發心立願，希望達到每一個互愛組每一個月能接引到五百位會員，這樣就是成就一尊千手千眼觀世音菩薩。起初，大家均認為這是不可能的任務，然而第一個月就有一組原本每月就有三百多個會員，經大家加一把勁之後，果然率先達標。既然有一組完成心願，表示這不是不可能的任務，證明有心就不難。也因此激勵其他組，第二個月就有三組跟進達標，慢慢地大家開始相信果然有願就有力，最後所有互愛組均在願力的驅使下，紛紛成就每月一尊觀世音菩薩。這告訴我們一個道理：在未證明不可能之前，任何事都有可能，即使現在不可能，將來也會有可能。所以，願力也是一種不可思議的力量。

信、願、行缺一不可

心地動搖、見異思遷的人就如浮萍一般，即使有信也會無根，這一生不可能成就；堅信不疑、絕無動搖，意即一心一志、專注一事，這個人這一生就會有成就。沒有信根的人，精進心提不起來，念力不能集中，這樣怎麼會有成就？一心一志跟一個老師，走一個道場，絕不到第二家去，絕不聽第二個人，這樣是真正有信根。所以才說：成功者是「專心一事」，失敗者是「多方從事」，這是針對法門及追隨的老師而言，如以志業活動而言，則需依眾生根性之不同而應機度化、觸角廣伸，這又另當別論。然而，即使要多方從事，也是要事事專注，就如慈濟四大志業八大法印，雖一步八腳印，但仍是步步踏實，慈濟法門仍需一門深入，並道一以貫之。經上常說：「信為道源功德母，長養一切諸善根。」上人也曾慈示：「信根不深，道心難艱；諸法不明，障道礙法。」意涵在此，這也是修習佛法所需秉持的精神。

由於群策群力、同心協力，大馬會務蓬勃發展，原本每個月每一個互愛組勸募五百位會員的艱鉅任務已順利完成，大家也自此印證「困難是踏出第一步之前的感覺而已」，也深深體會靜思語所云：「碰到困難是能力不足，碰到煩惱是方法不對。」然而「登高必自卑，行遠必自邇」，登得愈高、行得愈遠，愈是「學然後知不足」，此如同運動員，還未破紀錄，就拚命努力求自我超越與突破，這是每一個人成長的驅動力。然而，一旦破了紀錄，就會繼續想再百尺竿頭更進一步，這是水往低處流，人往高處爬的心理。因此，行於菩薩道上須「信、願、行」三者兼備，道理在此，必須時時藉事練心、藉境修心，隨時尋求突破令道業增長。

二〇一三年，雪隆分會又在執行長的帶動下發心立願，這次發的願是「每一個協力組每個月要成就一尊觀世音菩薩」，亦即每一個協力組每個月要接引五百位會員，這又是再一次重大的挑戰，既已發願，也行願不易，所以才需要恆心與毅力，這需不斷地自承擔中成長。然而，經過之前發願與行願成功達標的洗禮，如今幹部們信心倍增，也歡喜自我挑戰，更何況多度一個好人，社會就少一個壞人，而且透過發大心立大願來成就道業，並從中廣結善緣、成長心智，這更是學佛的自我期許與願景。心中有佛法，行中有辦法，加上承擔與承諾的願力，就如《靜思語》所云：「信心、毅力、勇氣三者兼備，沒有做不成的事情。」大家紛紛朝此目標全力以赴，人人士氣如虹、蓄勢待發，會員人數直線上升，代表著淨化人心、祥和社會的腳步正逐漸加快，自然而然許多志工與其家庭也深受其益，這也是慈濟法們透過濟貧教富與教富濟貧去淨化人心的方便與絕妙之處，值得我們從中體會。

二〇一三年六月初，每年一度全球董事會在花蓮召開，間中每個分會的報告中也包括志業推動的成果分享。馬來西亞雪隆分會的會務報告結束後，與會的全體數十位幹部長跪上人面前發心立願，發願在未來的一年裡要增加會員二十萬人，意即分會每月要接引一萬七千個新會員，在場近五百位與會的各國分會代表給予熱烈的掌聲。然而，想不到上人在掌聲過後，即隨機對眾說道：「這樣不夠啦！馬來西亞目前有將近五十多萬會員，只要每一個人再多度兩個人，一百萬會員就沒問題了。」上人的即席加碼，全場又是一陣掌聲鼓勵。然而，馬來西亞幹部在上人如此大力祝福之下，並未將此視為艱鉅的挑戰，而視之為上人給馬來西亞全體慈濟人的一份「大禮物」，人人歡喜與感恩接受，並在返馬後，分會把握因緣積極召開大小會議、凝聚共識，幹部們入法有成，也深有體認：「百萬好菩薩」目標定位後，推動的理念與方向也需正確，如此才是「正精進」。

願大力大，潛能無限

正確的方向與理念是甚麼？「從內而外」、「自覺而度人」。百萬是個數目，說大不大，說小不小。願力夠，則百萬只是個小數目；願力不夠，則即使一千也是個大數目。同理，有心要做事，大事也不難；無心要做事，小事也都難。有心要做事，事多也不難；無心要做事，事少也都難。法國文豪雨果說得好：「世界上最寬闊的東西是海洋，比海洋更寬闊的是天空，比天空更寬闊的是人的胸懷。」這與佛經說「盡虛空，遍法界」有相得益彰之效。現在科技這麼發達，總有一天高科技可以算出虛空有多大，但再怎麼大還是「有盡」。然而，人的心願跟道心卻可以大到無法斗量，所以才說「無窮」，這是比喻人心、人的胸懷而言。所以「百萬好菩薩」也只是個方便法，一旦達標後，必須進一步從有形的有為進入無形的無為，亦即從事相去探求真理。要這樣就要「大處著眼，小處著手；做事高調，做人低調。」目標再遠大還是要腳踏實地、一步一腳印，不能眼高手低，而是要眼明手快。

二〇一三年七月中，馬來西亞幾個分會分兩梯次返靜思精舍精進，雪隆分會再度呈現會務成果。六月份接受上人祝福百萬菩薩之後，大家自內而外，從自己本分做起，先度自己家人及親朋好友，再度自己的左鄰右舍，以此方式推己及人，從委員下化到藍衣、灰衣，再從灰衣接引其家人，並擴及會眾，以此愛心傳承、遍地開花。以前只度華人，現在觸角延伸也度馬來人及印度人，大人及小孩無人不度、無所不在、無孔不入，甚至開始在各菜市場成立愛灑定點，長期經營，遍地開花。探討整個過程，若不是上人以方便妙法觀機逗教，適時給予激勵，如何能激發出人人蘊藏內心深處的無限潛能。當天雪隆分會的會務報告中，「百萬好菩薩」的首度啟航，第一個月七月份就已募到一萬四千多個會員，之後的八月與九月每月均接引新會員一萬七千多人。再度證明：願大力大，心不難事就不難，人有無限的潛能。也從中印證——從方便走入真實，真實不離方便；百萬是事相，無量才是真理。

非洲辛巴威只有一位委員師兄，也是辛巴威唯一的臺灣人。由於發願要追隨上人，所以以一人微薄之力，力邀當地的黑人菩薩投入以貧救貧，到窮鄉僻壤的村莊去物資發放。不但如此，當地黑人菩薩還接受志工培訓，期許自己深入苦難、見證悲苦之後能見苦知福，也能心存知足與感恩，這間中讓投入的不同種族、宗教、國籍與膚色的有緣人紛紛得度，這也是一種微妙。其他如南非、史瓦濟蘭、莫三比克、賴索托等等非洲國家均是落實本土，慈濟志工種子從一生百千萬，這個「一生無量」，追根究柢就是從一個發心立願的種子做起，它可以生生世世綿延不斷、永無止盡。

在一般人的觀念裡，「一」就是只有一個，「多」就是有很多個。但是以佛法看來，一就是多，多就是一，意即「多從一有」，也就是「一即一切，一切即一」的道理。譬如把一粒水果種籽埋到泥土裡，經過灌溉施肥，而後長大開花，結出一樹累累的果實，這都是由一粒種籽而來。因此，佛教譬喻佈施如播種，「一文施捨萬文收」，這個道理和「一粒落土百粒收」是一樣的，這是「多從一有」的理論根據，發願也是這樣的道理。

平常心才是道 自然才會圓滿

平常生活作息就很正常，起心動念也都不離正法，這種心態叫做「平常心」。平常心就是直心，直心是道場，所以佛法才說「平常心就是道」。「平」是平等；「常」是永遠，心無念頭即平，起念即不平，所以永遠保持平等不妄心分別也是「平常心」。不過，平常心不是隨波逐流或隨心所欲，而是不患得患失的無造作、無牽掛。有平常心的人才會懂得「投其所好」之後並「善用其心」，一切「盡其在我」之後，結果「順其自然」。念起之時無所起之心，滅之時也了無牽掛，隨起隨滅、隨緣對治，一切處之泰然、不動聲色，也不因眾生而起分別，這就是「一性圓明自然」。

被冤枉、誤解、批評或毀謗不必急著解釋，也不必怨天尤人，立即覺照反思，有則改之，無則嘉勉，愈是辯解則愈描愈黑。佛家說「以平常心觀不平常事，則事事平常。」所以，是非與謠言止於智者，被冤枉就淡忘，被誤解就善解，時間久了自然清者自清、濁者自濁，也就是日久見人心。被讚歎有時候也不是好事，比被毀謗還厲害，被毀謗我們還會提高警覺，被讚歎則很容易喜形於色而沾沾自喜，很可能在不知不覺中就墮落了，所以《靜思語》才提醒我們「是非當教育」、「讚歎當警惕」，道理在此。別人對我們的讚歎也可能是一種同情的鼓勵，別人對我們的批評也可能是一種善意的提醒。讚歎是幫助我們，毀謗也是在幫助我們，再大的冤枉都是在消業障，愈大的毀謗消的業障愈多，能有這樣的正念也是「平常心」，這更是「慧從善解得自在」。

有一位很發心布施的企業家，進入慈濟後發心捐了好幾千萬，他把點滴捐獻給慈濟的善款將總金額除以一百，心中經常清楚記憶著自己已經捐了幾個榮董，雖然發心布施，但卻落入「著相布施」。有些人很有錢，但卻沒有布施的習慣，而一旦學會布施卻又執著名相，我們可以理解布施者並非全然是學佛者或利根器者，所以道場才會隨順眾生以「授證榮董」的世間法啟發初機者的善根，學習能捨諸難捨，從小捨至大捨，這自有其度眾的次第。現在已進入三輪體空者有些也是從當初的著相布施慢慢學習成長而至無相布施，這是清淨心的啟發與養成，也才是從人間路的方便法走入菩薩道的真實法。其實，「三輪體空」並非單指布施而已，日常生活中的食衣住行均能省吃儉用、克己復禮，穿衣簡單素雅，吃飯隨緣受用，馬馬虎虎不刻意、簡簡單單不強求，但卻也絲毫不邋遢，這樣也是近於三輪體空。

性相空寂，真空妙有

梁武帝一生所修的布施誰比得上？梁武帝以它的權力跟威勢，護持佛法、建造寺院，歷史上記載是四百八十座。平常我們佛家講，建一座塔、塑一尊佛像，福報就不可思議了，何況他是建四百八十座寺院。梁武帝也喜歡布施供養出家人，書本記載是幾十萬人，這個福報有多大，但為什麼梁武帝在他晚年的時候還遭遇種種不幸？布施這麼多，福報絕對是有，但為什麼業力還轉不過來？這值得我們去警惕與探討。

梁武帝見到達摩祖師的時候，誇耀自己所做的這些佛教事業，問達摩祖師：「我這個功德大不大？」達摩祖師跟他說：「並無功德。」梁武帝與達摩祖師話不投機，所以不護持達摩祖師，梁武帝錯過護持達祖師這種大福德的機會，關鍵在於缺少謙卑心、恭敬心，追根究柢還是屬於心量不大，沒有智慧。布施是有功德，但一傲慢就完了，這樣是「修福不修慧」。反之，雖然懂得千經萬論與艱深的佛理，也有世智辯聰，但沒有廣行布施，沒有在人群中付出去廣結善緣，因為福報不夠，所以生活不順遂，也因為福緣不夠，說出來的話人家聽不進去，雖滿腹經綸與佛理，但卻無法教化眾生，這樣是「修慧不修福」。

做了很多善事，但卻有一個好勝或計較的心，要頭銜、要地位，要大家尊崇他、讚歎他，或常自認比別人高一等而不認輸，任何事只有他最懂，甚至覺得自己付出最多也最有經驗，大家都要聽我的，只要有這個意念，縱然做了很多的付出或做了很多佛事，還是因著相而得為人天福報。所以，已經在付出奉獻了，然卻沒有照顧好自己的心念，其果報是如此，值得我們深自惕厲。

恆順眾生，一性圓明自然

如果我們以平常心，就不會執著於幫助他人是在行善、累積功德，做志工的時候就會把照顧戶的事當作自己家裡的分擔家事，幫助別人的時候就像在幫助自己家人一樣，對待外人的心態與對待自己人無二致，能如此，就是「慈悲等觀」，以這樣的心念來做人處事，整個事情才是圓滿，這就是「一性圓明自然」的境界。「一性圓明自然」是性相空寂，心中無分別相，視一切眾生為平等，所以當他在布施奉獻甚或處理事情的時候是無所求、無分別的三輪體空，照字面解釋會深奧難懂，用例子解釋，一切了然。

有一次隨師時，上人語重心長地說道：「水災災民罵我們，我們都可以善解包容，照樣去發放，還耐心膚慰他們。對自己的法親怎麼做不到？」這是一句醍醐灌頂的警惕。做不到就是不平常、不平等，也是一種理事顛倒。學佛或做慈濟之後若是煩惱更重，則已入魔境，這與正信佛法是背道而馳。見到佛會歡喜，見到魔卻不歡喜，這也是一種不自在，自己若無分別心，豈有佛魔之分？更何況心外無佛也無魔，佛魔皆是自己心中所造作。既然知道求菩薩不如自己做菩薩，然而一旦做菩薩了，心中就不能有任何一位冤家，怨親平等才是大無畏的菩薩精神。

也有一次，上人與同一國家的兩個據點負責人討論會務，其中一位負責人很明顯地只要談論到與他有關而問題是出在他身上的事物時，他就顧左右而言他，刻意避重就輕轉移焦點。然而，上人明知是如此，卻還是用心、耐心地聆聽他偏離主題的陳述，我一旁陪伴，深深體悟甚麼是普賢十大願之一的「恆順眾生」，這就是了。佛看眾生個個都是佛，因為佛沒有分別心，只有平等心，心中絕不起分別，一律平等。上人也不因眾生而起分別，而是以慈悲等觀視眾生，這樣的不言之教與無聲說法，就是心行圓滿的「一性圓明自然」。

以前在新馬甚至是斯里蘭卡及柬埔寨，我經常帶領訪視志工們去做訪視居家關懷，有些志工就是會以自己的方便去安排探訪照顧戶的時間，也由於探訪的時間點不是很恰當，偶而也會造成照顧戶的不方便。比如照顧戶有午飯後睡覺的習慣，我們偏偏這個時候去探訪，當然會造成好心的關懷變成無意的打擾。也好比是每個月照顧戶都會準時拿到慈濟的生活補助品，而如果我們輕率地要延就延，不將心比心考量照顧戶將這一天當作是每個月最重要也充滿期待的一天，這樣就是不同理，自然也是不平常心，行事結果自是不圓滿。

在醫院的大廳合唱優美動聽的樂曲給病友聽，這是用歌聲膚慰病苦，用法音祥和人心，大家彼此感恩，病友及看病的民眾們也有選擇要不要來聽的權利。但如要去化療注射室唱，這麼多病友正虛弱地在沉睡中注射，布施歌聲雖是動機很好，但這是自己想要還是人家需要，會不會有些病友想聽，有些人則嫌打攪，甚至如何選對適合旋律的歌曲等等，這就需要用心評估與商榷了。沒有同理心就會不尊重，做起事來就會不自然，所以即使是一件有意義的善事也是會做得不圓融、不圓滿。

心垢境垢，心淨境淨

對自己家人也是一樣。有些人在道場或寺廟裡的時候，可以客客氣氣待人，可是一回到家立即判若兩人，又回復之前的惡行惡狀。雖說還在學習改善之中，但這樣的不平等與分別相畢竟是我們隨時隨地要提醒自己去改往修來的功課。在道場可以很清淨，但離開之後又不清淨，追根究柢就是尚未讓清淨心養成習慣，一旦成為習慣，則無論在哪裡都可以很自然的清淨。同理，在道場可以很法喜，但離開之後又不法喜，追根究柢是未讓自己的心靈成為道場，心靈清淨，則無論到哪裡都會有法喜。有法喜，代表心靈才是清淨，心地清淨也才會有法喜。這告訴我們一個道理：道場不是在佛堂裡，而在生活中、工作中、人群中，更在自己的心中，這才是正信的佛法真實義。唯有心存正念與不分別，才不會因淨垢兩相的分別而判若兩人。所以才說：「心垢境垢，心淨境淨，淨垢兩相皆屬虛妄，不妄心分別，則不垢不淨。」

也有一種人，可以在正式會議上眾人之前表現出看似泱泱大度、極易妥協的胸襟，然而會議過後要執行之際私底下卻又變成獨排眾議而堅持己見，甚至不顧大局地我行我素，會前會後及台上台下是兩種境相。所以才會有「上台說話很感性，下台做事很率性」、「說起話來令人感動，做起事來令人頭痛」，以及「上台分享令人感動落淚，下台做事令人身心疲憊」一說。人群中可以看到一種米養百種人，看盡眾生相，其中每一個人都是我們反觀自照的鏡子。其實，我們自己就是其中一種凡夫相的示現，這要能往內深觀才會有此自知之明。所以，無論再怎麼忙碌，每一個人每一天都要有時間讓自己的心靈獨處跟沉澱，能內觀及自省才是「自知者明」。

唯有超越人性才會接近佛性，佛性就是真理，真理就是最自然的。就好比是花開，時間或季節到就開了，也沒有為誰而開，也不會為了誰而不開，它只是很自然地在最巔峰的時候綻放出美麗的花朵，甚至在開花之後接著結果，一切就是這麼平常，這麼自然，這就是它的生命力。然而也在過了時節之後開始凋零，所以緣生緣滅、花開花落也是跟人的生老病死一樣極其自然，須以平常心等同視之，這就是自然法則，就是真理。看到地上有落葉，就要想到落葉以前也是嫩葉及綠葉，然時間久了，有一天也會枯掉而落下成為枯葉，這就跟人的生、老、病、死一樣，都是自然法則，這個道理透徹了就是《無量義經》所說的「得大智慧，通達諸法」。

投入做志工的時候，不少人都會存著「預植來世福」、「以福轉業」或「累積功德」的心理，不是說有這樣的心理不好，要強調的是：有所求就沒有，無所求就有，這就是「真空非空，妙有非有」的深邃意境。如果是出於自然或為了奉行真理，我們就不會認為幫助別人或關懷貧病是在行善造福，而是視為本分事，更不會認為這是為修行而做，也不會在意我們這個據點的慈善活動有沒有上大愛台新聞，或上人有沒有在對眾開示的時候讚歎我們。不是有這樣的心理不好，而是如能在心念上有離執與離相的超脫，這樣更難能可貴，才是超越世間法進入真實法，才是以出世的精神做入世的工作，也才是藉有為法的事相融會無為法的真理，藉事顯理才是正道。

離一切相就是凡事不執著，不執著空，亦不執著有，空有兩邊均不著相，才能得中道第一義的智慧。「相」是各種對立的存在，如男女相、是非相、長短相、淨垢相等等。修「無相」就應該不執著它們的對立，而是視之為不二，只要一執著就是落入我相、人相、眾生相、壽者相，所以《壇經》上說：「無相者，於相而離相。」便是要我們在分別當中不起貪戀、厭惡等煩惱，這就是無為法的道理，《無量義經》有云：「無相不相，不相無相，名為『實相』。」就是指此意境。而上人也提醒慈濟人要入實智才能見實相，要洞見實相就需走入真實之道，此乃「一乘實相」。

自然界看起來很自然，因為兩棵樹不會彼此看不順眼或起衝突，你的時節到了，你開你的花；我的季節到了，我結我的果，無論寒暑陰晴每一棵樹都是如如不動地安住在原地，也各自扮演好自己的角色。所以，如果人也可以對境不起心、不起分別相，對人也能不起分別心，這樣凡事保持平等心與平常心，也就是一性圓明自然的境界了。

辛苦一陣子 快樂一輩子

人生是苦的，只有不怕苦的人才能吃出甜味。而如要修行，最好是能帶有三分的苦，順境容易讓人產生懈怠，並在懈怠中折福造業，所以才說「富貴學道難」。人生最大的學習是被逆境狠狠的一擊，這種刻骨銘心的順逆轉折才能激發我們的潛能與智慧，所以才說「逆境是增上緣」。所以，人世間的苦、空、無常、無我以及煩惱汙濁是學佛最好的助修，煩惱甚至是成佛的種子，猶如污泥之於蓮花一般。

人們都喜歡觀賞清淨的蓮花，沒有人會喜歡觀賞污泥。但是，要觀賞蓮花就不能厭棄污泥，甚至要靠近污泥。人群就是污泥，就是五濁之地，然而卻也是最好的修行道場，唯有進入人群才有機會經歷人與事的磨練，而令心智成長，乃至脫胎換骨成為浴火鳳凰。孟子認為上天要託付重任給一個人，必先「苦其心志，勞其筋骨，餓其體膚，空乏其身，行拂亂其所為。」這與俗語所說「吃得苦中苦，方為人上人」，是相得益彰，互相印證。秦始皇尚未登基時，呂不韋是他的老師，他教誨秦始皇：「能苦不能之苦，能忍不能之忍，能為不能之為，這樣才能克服所不能克服的事情。」這些古聖先賢的勵志名言自有其激勵人心之妙處，值得我們學習，並學以致用在生活中。

有一群弟子要出去朝聖，師父拿出一個苦瓜，對弟子們說：「你們隨身帶著這個苦瓜，記得把它浸泡在你們所經過的每一條聖河，並且把它供奉在你們所朝拜的聖桌上，虔誠朝拜它。」弟子們走過無數的聖河跟聖殿，都照著師父的指示去做。回來以後，他們把苦瓜交給師父，師父叫他們把苦瓜煮熟，當做晚餐。晚餐的時候，師父吃了一口，語重心長的說：「奇怪啊！泡過這麼多的聖水，也進了這麼多的聖殿，怎麼這個苦瓜竟然沒有變甜！」弟子們聽了，當下開悟——苦是苦瓜的本質，不會因聖水與聖殿而改變。

苦也是人生的本質。人生八大苦沒有一個我們跑得掉。人身本來就是業報身，每一個人都是來受報的，覺行圓滿的佛陀都有前世的「餘報未盡」，何況是一身習氣與無明的我們。不是不報，而是時候未到，這樣的因緣果報觀須認清，更要深信。每一個人一生中都有一位貼身的老朋友，這位老朋友叫做「苦」，你問它從哪裡來，它說從「心」而來，這個事實不會因你的學歷、地位、財富、年齡或宗教而改變。

上人言：「小乘法眼是：只獨修、獨覺，不敢接觸人群，所以眼光短小。大乘法眼是：無生法忍，要行六度。能看透、看通眾生的無明煩惱，也能看得開、忍得了被人糟蹋、凌遲。」能夠忍得住被人糟蹋與凌遲，這也是了不起的修行功夫，能這樣的入法對我們在人群中做人處事會有正向的提升，畢竟這是我們每一個人在生活中免不了會遭遇到的事情。如此堅忍久了，最終會成為心智成長的超越與突破，這也是一種妙法。忍無可忍而動氣發怒只會加深惡緣，同時也是於事無補，因此，忍不是消極的逃避，而是積極的體認。「忍而無忍」與「以退為進」也是讓身心輕安自在的生活智慧。

無生法忍，自迷轉悟

佛教為甚麼教我們要修忍？即使有人說人生很享樂，那更要修忍，苦境中要忍，順境中也是要忍，苦境中要修「逆來順受」，樂境中要修「順來看破」，順逆兩境皆不執著，所以孔子說「樂而不淫」，就是提醒我們凡事要適可而止，享樂也須有所節制，快樂過頭就會樂極生悲。菩薩的境界是即使處順境、樂境或與人結好緣也不會執著或攀緣，這樣的進退與分寸拿捏我們要學習。

有人覺得人生一點都不苦，那也不是沒有苦，而是「五欲之樂」，這也是一種「欲樂之苦」，意即快樂之中仍夾雜著苦惱，所以也是不離心靈火宅。自己未能察覺或體會，那是因為尚處順境之中而無常未到，無常不但算不到，更是擋不到，因此沒有一個人可以掛「沒事牌」。「苦是人生的本質」就像「苦是苦瓜的本質」一樣，這樣的真理不會改變。所以，一旦福報享盡，悲苦就來，叫做「福盡悲來」，佛法上稱此現象為「壞苦」，這與樂極生悲一樣，都是物極必反的自然法則。其實，「否極泰來」也是物極必反的法則與現象，意思是：人在命運壞到極點時，好運也將隨之到來，最壞也不過如此。所以，「苦到盡頭」或「跌到谷底」都不是壞事，因為「置之死地而後生」，沒有後路可走才會奮勇前進。當生命經過蛻變之後而昇華至更高境界時，回首前塵時更會有自迷轉悟的一番清新的洞見與感受，這就是「重生」，此如人飲水冷暖自知。所以，只要心存正念則一切都是好因緣。

透過感官上的接觸去獲得快樂，這是最原始的方法，大部分的人也都停留在這個階段。然而我們卻無法長期保有這些已經追求到的欲樂，這些快樂總是一再地溜走。因此，想要藉由感官的接觸而獲得永遠的快樂那是不可能的。因為，當感官接觸到樂受，我們才有快樂；感官接觸到苦受，我們就會感受痛苦。就如我們聽到不好聽的、看到不好看的、吃到不好吃的，我們就不會有快樂，這種求不得的經驗無人可免。透過感官的接觸想要獲得永恆的喜悅，那是不可能成功的事情，但是大部分的人卻不停地在嘗試。感官上的欲樂如果是無害的，基本上不能說是有錯，正因為我們很容易將它視為人生努力奮鬥的目標與方向，但佛陀認為這是危機所在。

人生雖然苦不完，但並不代表無有出期，不二法門講的是「非苦非樂、不苦不樂」，意即苦即是樂、樂即是苦，欲體解其意就必須懂得轉念與轉境。人生雖然「苦海無邊」，但後面的四個字才是重點，謂之「回頭是岸」，就是轉念與轉境之意。「苦樂參半」是吃過苦才能體會樂，而且也不會讓我們樂過頭，因為還有苦參雜其中，所以才說人間好修行。地獄有極苦，所以難修道；天堂有極樂，所以難成佛。天堂與地獄也是唯心所造，不是死後才有的。若心寬念純，則當下就是淨土與天堂；若心不寬念不純，則當下就是穢土與地獄。既然唯心所造，則心迷萬境轉，心悟轉萬境；心迷就會苦，心悟就自在，迷悟之間跟我們的思想與觀念有莫大的關聯。所以，如能鍛鍊我們的心智，也透徹體解苦、集、滅、道四聖締，則我們就比較容易向內觀照去覺察苦緣，再以智慧化解它。不但如此，反過來還要妙用苦境，讓苦境成為逆增上緣的妙境，將原本的山窮水盡疑無路，轉化為柳暗花明「又一村」，這就是將佛法妙用的絕妙之處。

藉假修真，修練心靈

不如意的時候，可以失意一下，但絕不能頹喪而悲觀喪志；碰到挫折的時候可以蹲下去，但絕不能倒下去。同理，偶而的失敗並不可怕，最可怕的是讓失敗成為一種習慣，此就如人可以孤獨與寂寞，但絕不能惡化成為空虛與失落，道理是一樣。人生難免有陷入困頓之時，但還是要提醒自己：在悲傷中要展現笑容，在痛苦中沒有悲觀的權利。說起來不難，但做起來不易，若能做到那更是難能可貴。《靜思語》說：「世上最美的笑容，是病人的笑容。」但當我在菲律賓海燕風災的重災區帶動現場數千位災民時，我看到世上最美的笑容是災民們的笑容，大家要出發去以工代賑時，經由團康帶動激勵士氣，將受重創的心靈轉化為活下去的勇氣，人人透過吶喊與宣洩展現生存的活力與朝氣，這就是「化悲憤為力量」，也就是「隱實施權」。悲憤是一種傷痛，卻能讓它轉化為一股力量，這是一乘妙法不可思議之處，值得我們去探究。

生命中需日積月累持續不斷地鍛鍊與漸修，唯有時時培養正念的思考習慣，並讓正法與生活全然結合，這樣遇到困境的磨難時才有可能自我正向提振，也才有可能以正破邪、安住自心。悲傷中的笑容可能會有一些勉強，也可能是一種假相，然而這卻是世間法的方便權教，一旦啟發也持續，自然假久成真，這就是大乘妙法，佛法謂之「藉假修真」，也就是由方便入真實之意，這與「真空妙有」或「真空非空，妙有非有」有異曲同工之妙。懂得這樣的道理之後，就可以將「辛苦不滿」轉化為「幸福美滿」，關鍵就在一念之間。所以，有一句話說得好：「傷痛是代表著軟弱正在離開我們的身體。」它告訴我們一個道理：當我們處在傷痛的時候，須當下提起一個念頭，告訴自己軟弱正在離開我們，取而代之的是堅強與勇敢，一面讓軟弱隨起隨滅，一面讓堅強伺機而生，就如千年暗室一燈能明，也如心靈暗室一念能明，如此才有可能破繭而出。這樣的正念提振也是需從日常生活的小事開始去實踐與體會，否則有時候只靠時間也不一定可以撫平我們的傷口。

一個人的心如果不修練的話，自然就是軟弱無力的。而要修練也是要透過內修與外行才能有所得，不是聲聞羅漢的自得其利、自了生死，而是菩薩道的自他雙利，慈濟宗門就是最好的修練之道。我們不容易察覺自己的心是軟弱無力，因為平時處在順境之中而沒什麼感覺，就像處在優渥環境的人，他無法體會什麼是苦，什麼是無常一樣。但人生畢竟有順逆起伏，不是萬事如意的，一旦一點點挫折或不順心的逆境到來，就會馬上感覺受不了。也由於平常心靈沒有修練，不具轉境與轉念的能力，而把原本只是三分的不如意化為十分的痛苦，也會高估困難的程度而愈想愈困難，這時候才會想到要如何把憂悲苦惱消除，如何把身上沉重的包袱放下，一旦有了這樣的念頭，那就是想要修行的開始。而已經碰到無常逆境或正嚐苦果，卻仍不知要自我覺醒去改往修來、調適心念，反而自怨自艾、怨天尤人，除非有另外的福緣碰到善知識，協助他藉佛法以心轉境、以念轉運，否則只好在煩惱與痛苦中繼續輪迴而處在心靈火宅之中無法出離。

一位旅館大亨發現，每天都有一位流浪漢坐在公園的凳子上死盯著他的旅館看，大亨愈來愈覺得好奇。有一天他終於忍不住走向那位流浪漢說：「不好意思，老兄，我想請教一下，為什麼你每天都盯著那棟旅館看呢？」流浪漢說：「因為那棟旅館太美了，雖然我一無所有，睡在長凳上，但我白天這樣看著它，日有所思夜有所夢，晚上就會夢到自己住在裡面。」大亨聽了很得意，就說：「老兄，今晚我就讓你如願以償，我將讓你免費住進這旅館最好的房間一個月。」一個星期以後，旅館大亨回來想看看流浪漢住的情形如何，卻發現這個人居然已經搬出旅館，重新回到公園的長凳上。大亨問流浪漢到底發生了什麼事？流浪漢說：「以前我睡長凳上，夢見住在旅館裡，那是一種羨慕，很好。可是，一旦睡在旅館裡，我就擔心自己哪一天又要回到硬邦邦的板凳上，真是可怕極了，所以我就待不下去了！」大亨聽了哈哈大笑說：「原來人沒有的時候也苦，有的時候也苦。」這就叫做患得患失。有得失心也是一種怖畏，它會讓人無法輕安，不輕安就是苦。所以，人生的苦或樂其實與「擁有」或「失去」無關，而是跟執著有關，更是與思想跟觀念息息相關。

一位婦人在河邊尋死，被路過的船夫搭救了，問其原因，婦人說：「因為丈夫猝逝，覺得沒有丈夫，活不下去了。」船夫問：「結婚了多久了？」婦人說：「三年。」船夫又問：「沒結婚前，做什麼工作？」婦人答：「在村裡染布。」船夫再問：「那時生活過得如何？」婦人說：「還算愜意。」船夫回道：「那時也沒有丈夫，為何活得下去？」婦人一陣啞然。此時船夫對婦人說：「找回那個沒有結婚前的你吧，那時一個人，不也覺得快樂嗎？」所以，人生的幸與不幸，亦或辛苦還是幸福，全在一念之間。塞翁失馬焉知非福，賽翁得馬焉知非禍，一切都是好因緣，都是好事一樁，這樣的正念也是要靠平常就開始培養，並使之成為習慣。一旦正念成為我們的思考習慣，我們就不會在生活中為了大小事而輕易抓狂。

吃苦了苦，苦盡甘來

《心經》文中有一段不錯的解釋：一切你認為必須的，沒有一樣是絕對必須的，而且人生也沒有甚麼事情重要到需久置心中。人需要學習隨時都可以放空，讓自己常保心上無痕、心空無見，這就是「色即是空」的意思，其中蘊藏著極深的真理與智慧。二〇一三年十月隨師時，有一天上人在會客室對幾位來訪的企業家開示說道：「凡夫只想到一時之快，而不去想後患。」短短幾字卻字字珠璣、發人深省。其實，我們生活周遭就不乏令人心生警惕的社會新聞事件，許多人因貪圖一時之快而不計後果，造成快樂一下子而痛苦一輩子。

嘴巴還能說出的苦，就表示還不是很苦，嘴巴說不出的苦才是真苦。

真苦而苦到盡頭時，自然會「吃苦了苦，苦盡甘來」，這樣就是超越與突破，也就是轉化「苦水」為「法水」。心裡已經很苦，嘴巴就不要再加碼喊苦，否則就是將苦複製，會苦上加苦而苦難當。遇困境或苦境還是要自我加持吐法水，而不是自我摧殘吐苦水。雖然說起來簡單，做起來不易，但也唯有這樣學習「雅言正語」，時時提醒自己起正思惟祝福自己，才能稗益自己，也才能在黑暗中看到一線希望的曙光。只要自己先點燃佛燈，即使我們仍看不到佛，至少佛也會看到我們。此猶如瞎子提燈走夜路，雖然還是看不到別人，但至少別人會先看到他。

人群中的修練也要學習把「蹚渾水」化為「蹚法水」，若能心寬念純，則混水變法水，辛苦變幸福；若心不寬念不純，則法水也會變混水，幸福也會變辛苦。這樣的正面思考邏輯是很好的自我激勵與警惕。

講「辛苦」也是過一天，講「幸福」也是過一天；講「痛苦」也是這樣過，講「痛快」也是這樣過。愚者是痛快一陣子而痛苦一輩子；智者是辛苦一陣子而幸福一輩子。

忍到盡頭會自然超越，因為最終會自我突破而成為心智成長的喜悅。同理，苦到盡頭也會自然超越，謂之吃苦了苦、先苦後甘，猶如倒吃甘蔗一般。宋朝范仲淹有云：「先天下之憂而憂，後天下之樂而樂。」以及佛家也說：「不經一夜寒徹骨，哪來梅花撲鼻香。」所以，要享受幸福快樂，就要先懂得學習承擔痛苦。

對的人要向錯的人道歉

在人群中修行，道理很明顯的事情何必去跟人家爭論？公道自在人心，忍一口氣是海闊天空，爭一口氣會禍事臨頭。文殊師利菩薩也說：「於一切之法，無言、無說、無示、無識，而離諸問答，是為入不二法門。」意思是說：一切真理沒有語言，不能說明，無法表示，更不必去辯解爭論。生活中，人事糾纏及人我是非無可避免，也經常看到受委屈的志工向上人傾訴，希望上人能體解其冤屈而給予適時的膚慰。然而，上人卻以正向激勵的教法給予慈示：「對的人要向錯的人道歉。」我們經常以世俗觀去看人生百態，也習慣以主觀及定見去看事情，因此看不到真相與實相，以致陷入迷惘與迷思之中而成為心智成長的障礙。

有一位非常發心的志工組長，經常以自己的我執與我見去主導活動，然因其個性十分任性與率性，如此的行事風格自然造成許多志工們身受其擾而不知所措。要聽他的話嘛，好像這是他自己的定見而非正見；不聽他的話，這個區塊又是他負責的，因此志工們無所適從。在這個過程中，有另一位志工幹部常常以自認為之正義感為眾仗義執言，雖然理直但卻氣壯，結果令這位組長反彈更大，於事無補也彼此傷了和氣。

之後，有一次這位仗義執言志工幹部返回精舍，早已了解整個事件來龍去脈的上人一見到他第一句話就說道：「唉！不要去斷人家的慧根。」當時我在一旁心想，那些志工們都是受影響者，上人怎麼不擔心這些志工會被那位組長斷慧根？彼時，對智者如此的慈示百思不解。而之後的慈濟工作中更是經常看到類似如此的事情，然而上人依然是教育那些自認為是對的人，或自認為受委屈者自己要先改。慢慢接觸佛法也體解上人的教化之後，才真正體悟覺者的德行涵養與佛法的真理大綱，它告訴我們：想要成佛的人就要自己先改，想要解脫的人也是要自己先改，想要解除煩惱的人也是要自己先改。懂得先改變自己的人才能因放下而度脫此身，不懂得放下的人只好繼續與亂境糾纏不已，這就是「君子務本」的道理。

法要活用才能絕妙應機

對錯不是絕對的，而是相對的，所以才說「對在哪裡？錯在哪裡？一切只是觀念而已。」佛家說「一念轉三千」及「三千一念由心牽」、「一念含融三千界」等等，一切的境界現前都是自性的顯現，對錯及淨垢的境界判定也都是由自己的念頭在主宰著。昨天我們自認為是對的決定，今天可能又覺得不大對了；今天堅持認為自己是對的，明天事過境遷，心情沉澱過後方覺別人也是沒錯。觀念不同，想法就不同，想法不同，則心態也不同，心態不同，則做法就不同，做法不同，言行造作的表現也會不同。對錯的認定及其所造成的不同結果何嘗不是如此，所以心念必須超然，站在制高點才能宏觀一切，鑽在牛角尖裡自然是不見天日。

法要活用，才能絕妙應機，一旦起妙用，才能印證「無量法門，悉現在前，得大智慧，通達諸法」。有一天，我在精舍看見一位委員對參訪的一群志工們提醒說道：「請大家不要把腳踩在水溝蓋上面！」我當時有點納悶，因為我看見很多人在行進間踩上溝蓋而沒發生甚麼聲響與異狀，這些有溝蓋的排水溝又是在人來人往重要的通道兩邊，當初為避免有人不小心踏進水溝，以及美觀與實用的考量，所以才加上水泥蓋，如無溝蓋或有溝蓋卻不能踩，則人人需跨越其上，這的確會與人不便。然而事出有因，幾年前水溝蓋剛鋪好時，有些溝蓋底座有縫隙，造成踩上去會發出聲響，為免人多時大家都踩上去會造成噪音此起彼落而影響道場的寧靜，因此當時志工們的確有「腳不要踏上水溝蓋」之默契。如今蓋底全部加放墊子，踏上去自然不發聲響。所以，「水溝蓋可不可以踩」需看情形，這也是法無定法，需考量此一時彼一時而有所因應與取捨。沒有鋪得很密而會發出聲響，此時就不要去踩；改善了，怎麼踏也沒噪音就可以踩。

會有聲響而硬踏上去，這是感覺不敏銳、感受不清楚；修好已無聲卻還是不能踩，這是墨守成規、食古不化，不懂得通權達變。能把這樣的道理以實際行動去運用在日常生活中，這就是「人能弘道」；不要因循守舊、抱殘守缺，也不要固執舊法而一成不變，這就是「非道弘人」。上人教導慈濟人要「舊法新知」就是強調法也是要與時並進才會適時勢、合時宜。生活中的小事情也會充滿人生的大道理，慈濟人間路可以銜接如來菩提道，透過權教，直通實教，這就是「道場在日常生活中，在人群中，更在我們的心中」的真實道理，這也就是一乘法的如來真實義。

無分無執，真入境界

有一次我隨上人行腳，一位行事作風比較無法與團體配合的志工向上人提及他想做事情，可是團隊成員卻不給予機會成就他，反而處處做梗，他自覺自己沒錯也甚覺不平。上人即席對眾開示：「不要說：我要跟人家和，是人家不跟我和。應該說：人家不跟我和，那是我沒有主動去跟人家和。」這是一句發人深省的箴言。如自認自己還是沒錯，則這句開示就很難聽得懂；如馬上反觀自照，懺悔自己過去的無明與習氣，則這句話會從此改善我們所結的眾生緣。

常常自認自己沒錯，即使有錯也是別人的錯；或是我不必改，要改也是別人先改，這樣的心態就是「我慢」，以這種心態來對付別人則成「卑劣慢」，這也是一種習氣。有時候，我們主觀覺得自己沒錯，那是自己不懂得內觀及自省，所以很難找出還可以讓心靈繼續成長的空間。看不到自己有錯，不代表沒錯，而是自己有盲點，所以看不到，嚴格說來這也是一種無明。上人曾言：「不要以為自己經做了很多，其實我們還有許多微細的業障難以察覺，而這些微細的業障也是各有其因果。」所以，許多小錯我們也是難以察覺，但這並不代表我們沒有犯錯。

我們每天還在執著自己的成見，都認為我是對的，他是錯的，這是凡夫的知見。真正有成就的人是你對他也對，沒有分別、沒有執著，這才是真入境界，才是真正的清淨。佛門有一公案：兩個出家人在爭執，到老和尚那裡告狀，請老和尚評評理。老和尚問甲，甲說完後，老和尚說：「你對！」乙聽了不服氣，也跟老和尚說了一大堆，老和尚說：「你也對！」老和尚身邊站著一位侍者，等他們兩人都走了，侍者問老和尚：「老和尚，你剛剛跟他們兩人的對話是不是有問題啊？」老和尚看著他說：「你也對！」老和尚是真對，他們三個才是有問題。老和尚是無我相、無人相、無眾生相、無壽者相，心裡頭沒有是非、善惡、爭執，心地是真正的清淨、平等、覺，這樣才是高度智慧與善巧方便，也才能解決大小紛爭。

一直看到別人缺點的人，做事不會周全。所以，一直在照見別人缺點的人，也需要別人來發現他的缺點，這個道理了解了，我們就不會想去看別人的缺點及過錯，即使看到了也不會放在心上而耿耿於懷。任何事情你能夠天天反省，要反省自己這邊，不要去責怪別人那邊，你就成功了。你要是反省自己沒有錯，有錯都是別人的錯，那你就錯到底，就很難回頭了。如果還執著有個他，我對他錯，我就錯了，對了也是錯了。過失都在自己，別人沒有過失，別人錯了也是對的，我對了也是錯的，修行要這樣內觀自省才能收到效果。為什麼我對了也是錯的？因為，認為我對了，還是有我執，有我執就錯了。還有「我」的念頭就錯了，這就不是菩薩，《金剛經》講得很清楚：「無我相、無人相、無眾生相、無壽者相。」有我相，人相，眾生相，壽者相，即非菩薩。所以，要做菩薩就不要還執著有個我、有某個人、有那些人、有壽命長短的我等等。

以退為進，心寬念純

有一次，同一個國家的兩個據點，因為過去的某些誤會而彼此甚少互動。其中一個據點的負責人聽從上人的教誨後，開始主動伸出善意的橄欖枝與對方互動。有一天，這位負責人返台拜見上人，他向上人報告說道：「上人，每次他們有大型活動，我都會去電問他們是否需要我們過去協助，他都說沒需要。」語畢，上人向這位負責人說：「師父教你一個更好的辦法。下一次他們如果有活動，你就跟他說：我們一群人想要過去助緣，好不好？」這是一段令人醍醐灌頂的師徒對話，充滿深邃的人生哲理與說話的智慧。

有一次隨師時，上人談到為何「對的人要向錯的人說對不起」：「別人雖然錯了，但是他不想修行、不想改過，我們對他說對不起，是為了我們要修行，要修得心寬念純。」所以，主動跟不對的人道歉，他才不會跟你牽扯不完，也會因彼此斷惡興善而從此止息紛爭。向錯的人道歉不代表錯的人就變成是對的，就如同向口說三八二十三的人道歉並不代表三八二十三是對的。向錯的人道歉也是一種提升人格的最好學習，學習不要只是做一個對的人，也同時要做一個慈悲的人。

「對的人向錯的人道歉」這個道理如用在夫妻相處之道更是好用，因為據理力爭、理直氣壯的結果即使贏了戰爭，也會失去和平。看似贏，實則輸；看似退，實則進。人生的路如果不懂得以退為進而迂迴轉進，則即使自認為是對的，最後也都會是輸了。此有如「雖不滿意，還是接受，雖然接受，但不認同，雖不認同，繼續包容。」這就是慈悲的力量，也是軟實力。

活得自在 才會死得安詳

生跟死都是人生的大事情，無常跟生滅是世間的實相，是自然的法則。生前能順逆自在，也懂得如何安身立命，臨終才比較有可能萬緣放下，這樣也就比較有可能走得安詳。平時就要培養正確的生死觀之外，還要對生、老、病、死有正確的知見，這當然也是要從培養正念的思考習慣做起。對生、老、病、死有正知正見，就比較不會事到臨頭之際心存怖畏、不知所措，這個也是要無常來臨之前先做好準備。活的時候已經是醉生夢死、迷迷糊糊，臨終的時候必定是神智不清、妄想紛飛；活的時候大小事情都看不開，臨終之際自然也是放不下，這樣當然很難安詳死去，要去哪裡投胎或轉世更是由不得自己。

「活得自在」有一先決條件，就是要懂得「活在當下」。過去的已經成為歷史，未來的還未發生；對過去已經發生的事不去做無謂的回憶跟計較，對未來還未發生的事不去做無謂的想像跟擔心，這樣就是「活在當下」。想過去是雜念，想未來是妄想，所以凡夫經常是後悔過去、擔心未來，造成迷惑現在。汽車的擋風玻璃為何比照後鏡大？因為過去不會比未來重要。佛家常講「把握當下」，其實當下也是難以把握，這不是叫我們不要去把握，而是要我們徹悟一個道理，對把握時間的人來說，連分分秒秒都是稍縱即逝、難以掌握，所以才說「人生有兩件事情擋不住：一是時間，一是無常」。《金剛經》有云：「過去心不可得，現在心不可得，未來心不可得。」當我們說「現在」的時候，其實說完之後，「現在」也是當下消逝了。

隨師期間，有一次上人對眾開示：「人生萬般都是因緣，因緣果報隨我們人生來去，一切由不得自己。在世間的俗親無不都是因緣會合，若過去生結好緣，就會按人倫的前後次序，決定孝順我們時間的長久；若是惡緣來聚，就會折磨我們的心。也有的時候，總是人間多缺陷，雖是好孩子來相聚，卻是中途發生事故而離開我們。一切都是過去世的因緣成為今生的結果，不論是夫妻之間或親子關係，都是前世因、今世果。」

父親的正念與捨得

二〇一三年三月，家父因腹部陣痛，經慈濟醫院檢查被診斷出罹患淋巴癌，家父個性樂觀積極並饒富善念，且有每日運動鍛鍊身體的習慣，即使身患病也還能心自在，沒有一絲的埋怨與哀嘆，直至進行化療階段依然能時時提起正念，對自己能活至九十高壽心中充滿感恩與知足。住院檢查尚未進行治療期間，即預感自己將不久人世。有一次在三更半夜，因劇痛不能入睡，就與陪伴的我交代將來後事的處理方式，希望做大體捐贈，不發訃聞、不收白包、不公祭、不念經、不設靈堂。六月底，癌細胞蔓延肺部造成嚴重呼吸衰竭，緊急送往台北慈院急救。七月一日早晨在加護病房裡，家父神識清醒地見過每一位子女及海外返臺的眾子孫後，搖頭示意我們拔管不要再急救。經與醫師討論後，二日早晨在近二十位家人五小時的佛號助念下安詳往生，隨後大體立即送往花蓮慈濟大學。傍晚五時半在常住師父及近百位慈濟師兄姊的助念後，進行大體急速冷凍，準備做醫學院學生的「無語良師」。

家父在三個月的化療期間，有一次我問他：「你生病後，來家裡探望你的老朋友有幾人？」他屈指一算回道：「只有兩個人。而且兩人都是在外勞的攙扶之下，各來探望一次。」我再問：「但你生病期間有很多慈濟人時常來看你，你算一算有多少人？」他說：「太多了，算不出來！」家父往生之前的四年，因緣際會接觸慈濟，一週兩次前往臺北關渡的大愛台做志工服務及參與日語班的翻譯工作。他須從基隆住家走路二十分鐘到火車站，抵臺北火車站之後轉搭捷運至關渡，再步行十多分鐘抵大愛台，一趟行程兩個多小時。家父透過志工服務走入人群而廣結善緣，他常感恩與感觸地說：「人生最後這四年所結的法親之緣，勝過四十年的朋友之情，最後這四年甚至是他整個生命的精華所在。」

由於家父周遭的幾位慈濟老法親們，個個皆已發願做捨身菩薩，他們隨身帶著「大體捐贈卡」，甚至已簽屬緊急時不插管急救的同意書，此舉讓家父在往生後事的處理思惟上有了很大的影響，在正法的耳濡目染之下，正念更加堅定，以致有如此圓滿、殊勝、莊嚴又令人歡喜的善終。生病期間有一天，家父跟我談及大體捐贈一事，他說道：「爸爸往生後做大體捐贈，這樣你們做子女的也才會有面子。」知道大限將至，卻還有如此慈悲豁達、生死自在的胸襟，實在令人敬佩，更有無限的緬懷，也值得晚輩們學習及效法。家人雖因父親的離世免不了心有不捨，然還是要提起正念，唯有祝福他才是幫助他，愈是情有不捨，愈會感情牽絆，這樣對亡者的轉世與投胎反而造成障礙，沒有一點好處。能將所學佛法用在日常生活中及關鍵時刻，尤其用在生死大事上，才能顯現佛法的博大精深之處。父親的往生示現及後事交代給我們上了一堂寶貴的生命教育。

死亡也是生命的一部分

我們每一個人出世之後就開始等死，所以莊子有一句話說得很妙，他說：「不亡以待盡。」意思是說我們活在這個世界上並沒有活，而是在等死。所以莊子又說：「方生方死，方死方生。」意即：當一個人出世之後，我們說生了，但那不是生了，而是死亡的開始，自出生之際就開始慢慢地、一天一天地走向死亡。其實，每一個人的思想、念頭也是在「生了死，死了生」的輪迴中新陳代謝。一個念頭死了，另一個新的念頭又生出來；一個新的思想生起來了，前一個思想馬上死亡，這也是佛家所說人的心理四相——生、住、異、滅。孔子說：「逝者如斯夫！不舍晝夜。」時間的消逝是日日夜夜像流水一般在運行著，而每一個人的生死大事何嘗不是如此。所以佛經才說：「是日已過，命亦隨減，如少水魚，斯有何樂？」這也是警惕我們，日子每過一天，生命就減少一天，就如魚在水逐漸減少的池子裡，會有什麼快樂呢？這不是要我們悲觀以對，而是要我們透徹體認，並做積極的準備。

雖說每一個人出生之後，壽命就開始一天天地減少，但如果我們能用智慧安排時間、用善巧妙用時間、用速度換取時間，既然不能延長生命的長度，那就增加生命的寬度與深度，這也是一種延壽的妙法。其實，「晨鐘起，薰法香」不只是在入法而已，由於早起而加長一天的時間使用，這就是在為自己延壽，也是一種妙法。所以，一日之計在於晨，早上盡量早起，不要那麼愛睡，活的時候何須久睡，死後自會長眠。

子路問孔子：「敢問死？」孔子回答說：「不知生，焉知死？」大家一定覺得很好笑，死有甚麼好問的？但是，「死」的確是一門大學問。活著的時候就要清楚自己是為何而來？為何而忙？為何而活？活著的時候就要知道自己的本分做到沒有，生活的目標跟方向是否都正確無誤了，這些活著的事情這麼重要都還弄不清楚，光問死之時或死之後的事情也沒甚麼意義。學習的次第也是要弄清楚，所以孔子才會說：「人道邇，天道遠。」人本身的問題都還沒解決，怎麼去討論遙遠的天道問題？生死大事不是要知道而已，而是要徹底體悟，也朝此方向努力去力行實踐，並從中實際體驗，這就是佛法所說的「正命」。活在當下的人比較有可能死於正命，也才是真正徹底體解生命的真諦。

達賴喇嘛曾開示：「死亡也是生命的一部分，如果不接受這個事實，就會產生恐懼與焦慮。」生死本是一體兩面，生生死死、死死生生，不斷輪迴循環。而寂滅為樂、視死如歸的覺者菩薩更是以不生不滅的涅槃境界為修行的最高境地。然而，未經佛法教化的人，很可能知其然卻不知其所以然，老、病、死等等無常發生在自己身上或發生在自己家人時，往往無法接受而痛不欲生、哀慟欲絕。人們因為平時未做好對生、老、病、死及愛別離、怨憎會、求不得、五陰熾盛等等人生八大苦的心理建設與因應，因此碰到境界現前時自是茫然失措、亂了方寸。處此情境之際，更容易在知見不正與昏沉散亂之下萌生妄念、壞了大事，這樣的教訓人人皆有。然而，事過境遷時間久了，我們又健忘過去，讓過錯不斷複製，也不斷地重蹈覆轍，所以才說

「人生最大的教訓就是永遠學不到教訓」。

自己就是命運的主宰者

賺錢的速度快還是業力現前的速度快？這個跟「明天先來還是無常先到」是類似的問題。無常跟業力是虎視眈眈，隨時在招兵買馬、坐大勢力，要對我們趁虛而入，我們要提高警覺。只要我們一個福報不夠或折福過度，就福盡悲來；只要揮霍無度不懂得惜福而快樂過頭，就樂極生悲；只要一個念頭偏差、心念不正，即使是十世高僧都會業障現前，悟達國師的水懺是最好的警世例證。所以，不只是慈濟人在對著上人說使命必達而已，地獄裡頭的牛頭馬面也跟閻羅王說使命必達，他們的使命就是要抓那些無常來臨前還沒有準備好而定業難逃的人。

千金難買早知道，世事難料想不到。無常來臨的時候就是業障現前的時候，就是因為想不到也算不到才叫做無常，所以等我們知道的時候都為時已晚，來不及了。很多人雖處順境，但缺無常觀與因緣觀，因此碰到無常自是無法接受而哀天怨地、怨天尤人，這麼多人怎會唯獨發生在我身上？這就是冥冥之中已被無常與業力目標鎖定而「逃」不了，佛家稱此為「劫數難逃」或「定業難轉」。以因緣果報觀來講，無常就是「無不是正常」，不可思議現象是對凡夫而言，對佛而言其實「本來就是這樣」，離不開因緣果報的自然法則。惡業已造難消除，但如能先止惡防非再眾善奉行，則能重業輕報而輕報化無，所以還是有解、有辦法，但這必須先心中有佛法，才會行中有辦法，能這樣就是在「運命」，此時自己就是自己命運的主宰者。

有一個年紀輕輕就往生的年輕人，去到地獄，他問閻羅王，我還這麼年輕怎麼這麼早就把我抓來，我的時間應該還沒到啊？閻羅王翻一翻生死簿：「對啊！應該還沒輪到你，怎麼把你抓來？」再仔細翻閱，閻羅王同情地說道：「你實在很冤枉啊！我有寄兩封無常的信通知你、提醒你，希望你預植來世福，先做好無常來臨前的準備，有備才會無患。可是你收到信後都說『不急！還有明天！』視若無睹、我行我素，只好就輪到要抓你。」「你有寄兩封無常的信？我怎麼沒有收到？」「某年某月某一天，你有一位年紀輕輕的同事因一場車禍意外往生了，記得起來嗎？」「哦！有有，想起來了。」「某年某月某一天，你的一位親戚，因一場重病而變成植物人到現在，有沒有？」「有！有！那是我的誰誰！」「這就是我寄給你兩封無常的信，希望提醒你勿蹈覆轍。然而你收信之後卻置之不理，言行造作仍然一切如常，未藉別人的無常來自我警惕，沒有從中學習去提早做預防的準備，也以為還有明天而心理懈怠，所以一旦福報享盡，業報自然現前。」這是一則寓意很深的公案，值得我們警惕，警惕我們現實的生活週遭充滿無常的信，每開一封就要警惕一次，這樣我們的人生才會愈活愈正常。

有一位慈濟委員的兒子年紀輕就意外往生，白髮人送黑髮人的悲痛，讓這位委員消沉了一段時間。有一天她來見上人，上人對她慈示說道：「這種心痛我能瞭解，但是妳不能一直這樣消沉下去，難道妳不希望兒子走得安心嗎？」委員回道：「我有為他做佛事。」「不論做多少佛事，也只是安妳自己的心而已，對妳的孩子不見得有幫助。如果妳自己的心不能安，妳兒子的靈也絕對不安。」「已經拉不回來的風箏，就應該將繩子剪斷，讓他自由自在得以解脫。母子感情的線拉得緊緊的，教他如何割捨去投胎？」「那我的心要寄託在哪裡？」「將對兒子的愛，用在所有跟我們孩子一樣同年齡的孩子身上，這是對兒子最好的紀念。」以上是一段上人與這位委員的對話，可以讓我們從中學習良多。

生者心安，死者才能靈安

二〇一二年年底，我隨上人行腳各據點進行歲末祝福。在幾個據點的行腳中，也是不乏面對因至親突然往生，或家人年紀輕輕即意外往生的委員向上人傾訴心中的不捨與痛苦。有一位行政同仁因高齡的父親長期被病苦纏身終不治往生，而他從此抑鬱寡歡，做甚麼事都提不起勁，因此請了長假自閉家中。原本積極的工作精神，卻變樣如得憂鬱症一般，他的外表看起來心事重重、了無生趣就如病人一般，在同事的陪伴下拜見了上人。

上人對其開示：「世上最苦莫過於病苦，爸爸現在了苦了，應該替他感到高興，也應該為他祝福，你跟爸爸的情牽扯這麼重，爸爸在天之靈怎麼投胎？人雖然有情，但要學習覺有情，而不是迷情。做孝子也要看是智慧之孝，還是愚癡之孝。即使父親已經去投胎了，你如果一直牽扯跟父親的這一份感情，父親投胎後的嬰兒也會因焦慮而一直哭鬧不停。」並說：「要找事情填滿自己才不會空虛。所以現在要做的是接觸人群，不能封閉自己。不要把自己關在家裡，愈關閉自己就愈走不出來。要出來接近人群，才不會愈想愈辛苦。」

行腳至關渡時，上人針對一樁醫療個案而隨機對一群慈院醫師及眾師兄姊開示：「醫生既然已經宣布無效了，卻還勉強急救，這樣看似延長生命，但卻拖延死亡，反而讓他失去投胎的好因緣。等到有因緣投胎時，卻可能造成投胎後一出世就夭折。」字字珠璣、充滿智信的哲理。人人不一定有智慧聽得懂，更遑論以行動破迷去實踐在自己生命中的重要關鍵時刻。每一個人都會面臨至親好友或自己的生離死別，親人去世或白髮送黑髮，我們再怎麼不捨、辛苦，對亡者都沒有好處。唯有提起正念不要拖磨，生者心安，亡者才能靈安，緣盡了就要放下，這就是正法。

末法時期不只災難偏多，而且人心紛亂、是非混淆、社會動盪，是佛法上所謂的「鬥諍堅固」，所以是五濁惡世，但這並不代表沒有正法，正信的大乘之法就是一股濁世清流。清流就是人人正而不邪、淨而不染、覺而不迷，這還是要有八正道做基礎。做得到就是清淨在源頭，做不到就會煩惱滿心頭。很多人已經接觸正信佛法了，卻無法把過去的定知定見或妄知妄見捨棄掉，造成成見很深、定見難除，這樣也是會影響正念的攝受。此有如一邊接受淨水的洗滌，一邊卻又遭到汙水的染著，這樣終究還是無法淨化。也有如水源是乾淨的，但水管卻不淨，這樣流過這個水管的水最終還是汙濁。一個人的心中如果能隨時心存正念，自然就能以正破邪。同理，一個人的心中如果能減少煩惱，他的日子必然是過得喜悅與安詳。

要死而無憾，先生而無憾

「三界不安，猶如火宅」是佛經中頻頻出現的一首偈頌。三界就是欲界、色界、無色界。「欲界」是我們居住的凡夫世界，裡頭的眾生受制於五欲的需求。「色界」是較高層次的生存界，享受禪悅之樂。「無色界」是輪迴中最高的生存界，裡頭的眾生具有心識而無有形色之物質。雖然色界與無色界高於欲界，但都還是在輪迴中，無法具有真正的平靜與安穩，就如焚燒的宅舍，梁棟傾危、柱根腐敗，所以處處陷阱、險象環生。佛陀以此譬喻來警惕眾生，讓我們明白我們所居住的世界就如一棟火宅。我們滿心貪欲，追逐外物，都想成為有錢人，想成為大企業家，想住豪宅，想開名車，或旅遊度假，我們的身心被貪欲及愚癡驅策著，所以看不清自己所居住世界就是一棟火宅。而佛陀以眾生之父自居，用盡所有辦法，就是要把我們從火宅中救拔出來，免於困境災厄。經中又說：「三界火宅，唯有一門。」這個「一門」指的就是心門，這與煩惱息息相關，所以才說「心門大，煩惱小；心門小，煩惱大」。

不管你現在住的是豪宅或是陋屋，最後往生之時，大家都會很平等地被裝進一個尺寸差不多的棺材裡，而且除了業之外，甚麼也帶不走。其實我們每一個人都是住在一個大棺材裡，土地就是棺材，天空就是棺材蓋，天蓋之下及地載之上充滿各種苦、空、無常、無我，以及憂悲苦惱。一旦業盡，每一個人都難免一死，問題是怎麼個死法，是死於正命還是死於非命？亦或求生不能、求死不得？要死於正命就要覺悟人生並積極做好無常來臨前的準備，這樣往生之際才有可能「有尊嚴、沒痛苦」，所以要死於正命也是要先心存正信與正念。

印順導師曾經開示：「一個正信正念的人會清楚知道，甚麼時候都會死。一個正信正念的人會清楚知道甚麼時候都可以死。」意思就是要我們活在當下、把握當下，這個也是要平常就做好準備，才不會錯失因緣造成遺憾。人如果要死而無憾，就要先生而無憾，要生而無憾就要學習把握因緣去「親近善士、修練正法」，這是佛陀為我們所開立對治疑法、煩惱、掉舉的良藥。

向善知識學習正信正念，在錯誤未形成之前就先進行心念及觀念的導正，這樣惡念才不會在我們心中招兵買馬而逐漸坐大。活著的時候常常做出令自己也令人遺憾的事，而仍無自知之明，則臨終之際要走得無憾與無畏就更加困難了。有一句話說得好：凡夫貪生怕死，所以醉生夢死；智者了解生死，所以了生脫死；菩薩不畏生死；所以出生入死。

一般來講，人在臨終之際都是最糊塗的時刻，往生之際，我們的神識會跟著喜歡的境界去，這個境界就是所謂的業力，平時若未培養好正念的思考習慣，此時此刻更由不得自己。而所造諸業力是從身、口、意之所生，其中臨終之際或往生之時的意業更是決定投胎及轉世的關鍵因素，這種正念也是活著的時候就要積極去培養。所以，與其死得隆重，不如活得精彩。這也要從「法入心，法入行」去實踐做起。

開權顯實 由方便入真實

佛陀所說的經典中，可以說大部分是方便權教，唯有暢演《法華經》才是佛陀的本懷，也是佛陀來人世間的最大目的。佛陀以種種因緣、譬喻等等權巧方便對眾「開示悟入」，這個「入」就是「入人群」。佛陀希望引領弟子們從聲聞、緣覺走入菩薩道，由二乘、三乘走入大乘，透過人群中的人與事的修練，將我們從凡夫的境界帶入佛的實境裡，這是開權顯實的大乘實教。透過權教去顯實教就是由方便入真實，廣行方便就是要廣攝根性不同的芸芸眾生，讓教化眾生的觸角廣伸。所以，大乘的真實法是一部能載運一切有情眾生渡生死河、達涅槃岸的大船。

上人帶領全球慈濟人從推動志業的過程中去走入人群，因藉事練心、藉境修心而一念心轉萬境轉，從轉念與轉境中，進而轉業與轉運而改變一生。不但拯救許多破碎的家庭，也改變許多誤入歧途的逆子，如今更成為一股導正社會風氣的濁世清流，更是祥和社會的中流砥柱。許多慈濟志工，從入人群的方便權教中，進而深入經藏，將所行的人間路與菩提道銜接，這樣巧妙搭配的行經過程中，改變了很多人的生命價值觀。

許多志工各依不同的志業觸角而投入慈濟宗門，除四大志業八大法印是善巧方便的世間法之外，也依眾生需求而投其所好成立了教聯會、警聯會、藝聯會、人醫會、榮董會、慈友會等等，透過這些方便法廣攝與慈濟有緣之善男子善女人。之後大家藉讀書會及共修培訓等等，去深入經藏體解靜思法脈，並發心立願勤行菩薩道，自此由宗門入法脈而福智增長、脫胎換骨，成為浴火鳳凰，譜出一篇篇動人心弦、感人肺腑的平凡人不平凡的故事。這是由方便入真實的微妙之處。

《法華經》云：「開方便門，示真實道。」意即「開權顯實」及「隱實施權」的意思。「權」就是權巧方便，權宜之計。藥很苦，很難吞，但把它包上一層糖衣，就容易入口吞嚥，這層糖衣就是一種權巧方便。二〇一三年九月某一天，上人在對清修士的開示中說道：「《法華經》隨便挑兩個字來講就講不完，是精神層次非常高，且極其難懂的一部經。《法華經》很難體會，然而真正的體會是在日常工作中，及生活中。所以，要用世間法去體會佛法，要先人圓、事圓，理才會圓。」並說：「佛法沒有速成班，不是一日、一月、一年或一生一世可以成就，而是累生累世，需日積月累的精進，所以佛經都是用『劫』來形容時間，道理在此。我每天在靜思晨語中的開示，最重要的部分是講經文之前的那一段，那一段是講人間的世間法，人間法如果弄不清楚，絕對沒辦法了解真實法。」是次開示完畢之後，眾清修士們在頂禮離去之前，上人再強調一句：「法在工作中，工作中不離法。」

深微妙法，知難行易

《法華經》難以理解，因此才說「無上甚深」。雖然艱深難懂、深奧微妙，但知難行易。慈濟人慈濟事就是在行《法華經》，這樣就覺得比較容易了，所以雖「甚深」但「微妙」，道理在此。讓志工們輪流去慈濟醫院做志工服務，從關懷各式各樣的病人中去體會苦、空、無常、無我，從而提醒自己：發生在別人身上的病苦或不幸也是一種無常的示現，我們既然見到了，就要有所覺悟與警惕，因為這樣的無常也很可能發生在我們身上。而我們適時給予膚慰與關懷，看似付出，實則施比受更有福。「辛苦」是因為往外求而求不得，「幸福」是因為往內求而心知足，深入苦難去見苦知福是方便門，繼而深入經藏去福中修慧這是入真實之道。所以，要趕緊借別人的境修自己的心，把發生在別人身上的無常當作自己的上一堂課，這樣每上一堂就警惕一次，日子才會愈活愈正常。把這樣的人生道理實踐在生活中，做得到就是微妙，做不到就不妙。

慈濟人忙於慈濟事，在人群中透過事相來顯真理，從中藉事說法、以事顯理，這也是方便法門。例如：很多人心中有種種煩惱難以消除，甚至心中有層層障礙走不出來，請他出來參與慈濟工作，從小活動到大活動、從小承擔到大承擔，從隨分隨力到盡心盡力，從全力以赴到使命必達，循序漸進、慢慢投入，愈做愈精進，愈做愈歡喜，日子也過得愈來愈充實、愈來愈忙碌。讓生活有意義地忙碌也是一種方便妙法，生活有意義地忙碌，會讓我們忙到沒有時間說是非、聽是非、傳是非，忙得沒時間去看別人的缺點，也沒時間去批評別人，更會忙到沒有時間煩惱，也會因太忙而將痛苦的事情淡忘。沒有時間煩惱就會慢慢地消除煩惱，能消除煩惱就是慧；能將痛苦的事情淡忘，就是將苦的境界轉化，也就是讓痛苦沒有反應，痛苦沒有反應就沒有痛苦。這些都是方便法中蘊藏著真理，此即「開權顯實」的道理。

有些人心靈受創傷，把自己關在家裡自我封閉，而造成憂鬱，或風燭殘年無所事事的老人，讓這些人投入社區環保工作，從中走入人群、接觸人群，因轉移生活目標與重心而開創出心靈的新視野，結果患憂鬱症的人不藥而癒，而原本年老無用的人卻變成有用之才，這就是不可思議的「枯樹發芽」。有些人雖喜愛做好事或認同做好事，但有者不識字或不喜歡聽經聞法，上人就權巧施教，製作歌仔戲《菩提禪心》及水墨動畫《證嚴法師說故事》，以及卡通片《唐朝小栗子》等等的電視節目，間中穿插著上人的開示，這就是從權教中顯實教來應機眾生，謂之「隱實施權」。

慈濟人文化育人醫

十多年前。上人要將醫療人文融入慈濟醫院中談何容易，彼時幾家慈濟醫院的院長及副院長甚至都沒有培訓，也不是委員，對慈濟精神理念更是知之有限，然而十多年後的今天已今非昔比。二〇一二年六月，我隨上人行腳至臺北慈院，參與醫院評鑑後的感恩溫馨座談，兩百多位醫護同仁在會中分享籌備評鑑過程中如何群策群力、將士用命，如何在慈濟委員的陪伴下以慈濟精神與妙法融入工作中。籌備評鑑工作雖然日以繼夜、十分辛勞，但大家士氣高昂，也做得歡喜，甚至主動要求評鑑委員到自己所屬的部門來評審，不但不懼戰，還信心滿滿主動找尋挑戰。彼時，全場三四百人參與聆聽，座無虛席，氣氛更是絕無冷場，至今還讓人印象深刻、難以忘懷。

一整天的分享到最後環節，主持的林俊龍執行長見我隨師，也禮貌性地請我簡短分享心得。我分享說道：「十多年前我參訪了全臺幾間慈濟醫院，發覺上人要將醫療人文落實在慈濟醫院，雖未如登天之難，也絕非如鐵樹開花之易，實在不簡單。但十多年後的今天，每一間慈濟醫院的院長副院長及許許多多的醫護同仁在人文精神的薰陶下，均已授證為慈誠及委員。二〇一四年元旦前三天，上人行腳至臺北慈院，更有三十一位醫護同仁授證榮董，救病救心與出錢出力雙軌並行。有者放下身段打掃自己的部門環境，有者投入環保，有者成立讀書會從中入經藏、增智慧，有者做結緣品與病友結緣，而有時活動中院長副院長更至廚房為同仁打菜，這樣的謙卑身教就是無聲說法，也是不言之教。而全院醫療同仁一起來營造感恩的人文情境，這更是讓醫院也能成為一個有道氣的道場。醫療人文落實在醫院的硬體與軟體，讓所有進出醫院的人能沉浸在人文精神的溫馨情境之中，明顯感受『此院非彼院』，著實令人感受深刻，也深深敬佩上人的真知灼見。」最後，我簡短與眾分享整天下來的心靈感受，用八個字形容——『震撼人心，歎為觀止。』」

當初家父癌病住進新店慈濟醫院時，我就目睹一位很用心關懷的護士，覺得她膚慰病人的用心與真誠已超逾一般在服務中有職業動作的護士，就問她：「妳很善良，也很真誠，妳有沒有參加志工或見習培訓？」結果她回道：「我們這個部門有四位醫護，全部都受證委員了。」所以，讓這些醫療人員投入慈濟活動去藉事練心，啟發悲智也放下身段之後，就不會是有妙手但無妙法的「醫匠」，而是「人醫」與「良醫」。過去的種種方便，如今已悄然成為真實，自利利他也自度度他，要不是上人以大乘方便去權巧施教，哪會有今天每一間慈濟醫院充滿良醫良護的人文氣息，與視病如親的醫療風華。

三家素食餐廳的故事

有一位慈濟會員在桃園縣經營一間海產餐廳，十多年來生意興隆而賺了不少錢。在一個偶然的機會裡他接觸慈濟，正好上人正大力宣導齋戒護地球及「八分素食飽，兩分助人好」，他十分認同。然而，經營十多年又做得很成功的葷食餐廳如何去轉型，的確讓夫妻倆十分困惑，加上志工們的積極遊說與鼓勵，最後他選擇在臺北市的一個好地段開設一間素食餐廳，自認以此方式能平衡及減少海鮮餐廳的殺業。然而，臺北的素食餐廳競爭激烈，加上他的主要客源都是葷食者又在桃園，經過不到一年的慘澹經營，最終因經營不見起色而結束營業。

另有一位慈濟委員，出資與幾位股東合夥經營一間頗有名氣也經營得很成功的素食餐廳，但自己沒有介入管理。由於本身很會烹飪素食，對素食很有研究也很有創意，於是獨資在另一個地點開設一間素食餐廳，她的事必躬親及用心經營，加上原本就很會廣結善緣，果然食客盈門，不但經常高朋滿座，外送生意更是夯到不行。問題來了，她每日從早到晚做牛做馬般的投入，雖「謀」到別人的「財」，卻幾乎「害」了自己的「命」，一年下來時間及體力的付出大喊吃不消，也深深惟恐自己會「人在天堂，錢在銀行」。由於心力大多投入在事業而顧此失彼無暇投入志業，因此經過夫妻倆的一陣靜心思惟之後，終於大夢初醒，決定將餐廳轉手他人而「謝謝收看」。

也有一次，我帶一位馬來西亞成功的大企業家返精舍拜見上人，他事業有成、家財萬貫，接觸慈濟後更是廣行布施，由於本身也是素食者，因此更能認同上人齋戒的呼籲。鑒於他深具慧性與善根，加上事業十分穩定與順遂，末學覺得開一間大餐廳也是人生一大重要抉擇，更何況他都不必靠此維生的人，何必沒事惹塵埃。因此，我特地帶他拜見請示上人。他請示上人：自己想在吉隆坡租一個兩三百坪的店面經營素食餐廳，目的不是要賺錢，而是響應上人的號召，希望藉開設素食餐廳來鼓勵更多人茹素。

上人開示說道：「你以開素食餐廳的方式要勸人茹素，這樣太慢了。你開素食餐廳，吃素的人才會進來，吃葷的人比較不會進來。更何況你開素食餐廳也是做生意，既然是做生意就是有所求，沒有賺錢或萬一虧損如何能繼續經營下去？即使生意很好、很賺錢，也是會綁住你無法投入志業而難以福慧增長。你已經賺夠了世間財，現在要賺的是功德財，我要的是你的人，不是你的錢。」並說：「我要的是慈濟人身體力行自己先齋戒，然後去啟發別人吃素，不是自己下去做素食餐廳。」這位企業家信受奉行而打消開餐廳的念頭，將時間投入參與慈濟活動與培訓，如今已順利受證為慈濟委員。有一次我們碰面，他深深感恩當時上人的睿智開示，幫他指點迷津而一語驚醒夢中人，如不是及時轉頭，現在也是陷入被時間與金錢綁架的無奈之中。

然而，上人的意思不是開素食餐廳不好，而是還有更好的辦法，好辦法也還是要視對象以方便善巧而觀機逗教、因材施教。如是以餐廳為事業，則蔬食或素食不殺生是慶幸，如是葷食餐廳，則轉素是最大的期許。希望已葷者盡量改葷為素，莫再造殺業；已素者不是藉開素食餐廳勸人茹素，而是走入人群去弘揚宗門，藉此淨化人心、導正風氣，這才是自覺覺他的究竟之道，也才是真實法。

以上三個例子，三個人都要開素食餐廳，三個人都是「富中之富」，心念與動機也都很好，但前兩個開下去才知「此路看似可行，實則不通。」雖最終都因恍然大悟而順利善了，但卻走了一趟冤枉路。第三個雖起初也有相同的念頭，但因能親近善知識而「懸崖勒馬，即時止步」。其成敗關鍵就在「問路」。「路要走出來，要先問出來，還未找到路，就要勤問路，已經找到路，還要再問路，確保走對路，然後才加速，這樣人生的路才會愈走愈精準不會失誤。」所以，能否有機緣碰到善知識的及時導正，而自己也能應機攝受，這對成事也是有很關鍵性的影響。有機緣碰到善知識，但無智慧去親近，或有機緣親近，但卻自己充滿定見，這樣正法還是無法入心。

成功需要福德因緣具足

「深著虛妄法，堅受不可捨」是正法入心的主要障礙。即使有善知識的提醒，卻因自己剛愎自用，心存我執我見，等付出慘痛代價才學到經驗，這樣就遺憾了。然而，有些人是付出代價還學不到經驗，懵懵懂懂、渾渾噩噩、醉生夢死，一直在錯誤中重蹈覆轍，這樣無自知之明的人佛法對他是沒有辦法。佛法不怕眾生的煩惱重，再深重的煩惱佛法都有辦法化解，但佛法對這樣的人沒有辦法，這就是佛家所說的「無緣之人」，而佛不度無緣之人。

前首兩個案例，皆是企業家單純只是要推動茹素、鼓勵齋戒而動念要開素食餐廳，即使各碰到不同因素與因緣而結業，至少還有選擇進退的空間，而且不致動搖家本。然而，並非人人如此，若是要以開餐廳來維持一家的生計，自己已無洞察先機之明，又乏貴人指點迷津，即使有貴人指點明路，然卻因自己成見很深、執意甚堅，這樣也是難以成事。一旦遭遇預先想像不到的困境，則很可能會雪上加霜、斤上加兩，這也是一種生活的無奈，處理不好更會是生活的危機。

好的開始是成功的一半，要這樣就要先做到「慎思」與「慎始」，意即「三思而後行，再思可矣」。然而，即使能慎思與慎始，還不保證一定成功，如缺乏慎思與慎始則更不可能成功。蓋因，成功除了努力、能力、連續經驗、專業知識之外，還須有老天爺一臂之力，謂之「助緣」。除了主緣之外，即時的助緣也相當關鍵，而福報更是先決條件，一切福德因緣具足才有可能馬到成功、順順利利，否則功虧一簣，最終將前功盡棄。

以前在新馬推動會務的時候，有一段時間經常去某一個據點關懷。這個據點每月舉辦發放，發放日當天也為照顧戶剪頭髮，十多位發心會眾每月準時報到參與義剪。有一次我再度前往該據點關懷，巧遇發放日，發現這些發心前來義剪的志工們服務時間都已超過一年，卻還是穿著便衣，就好奇問道：「你們這麼發心每月都來服務老人，怎麼都還沒穿灰衣制服？」彼等靦腆地回道：「我們雖參與活動，但沒有時間參與共修，所以共修會的次數不夠。」我回道：「既然各位這麼忙，那我來配合你們，你們就挑選一個方便的時間，我來配合你們一起共修。這樣投入見習培訓，很快就可以穿上灰衣。不是執著這件制服，而是代表我們已經了解慈濟志業，如繼續接受培訓，那是開始加強精神理念，最後受證委員了，那是真正責任與使命的承擔。」這就是慧命成長的過程。

兩個禮拜後，負責協調此事的分會秘書告訴我：「她們說，還是沒有時間！」彼時我心中浮現一句話：「很愛剪頭髮，不愛學佛法，實在沒辦法。」這樣，頭髮再剪個五年十年，頭髮也不會變成佛法。唯有一邊入世剪頭髮，一邊也出世入佛法，才會從剪下別人頭髮之際，也警惕自己從中增長自己的佛法，這樣就是剪下別人的頭髮也當下除掉自己的煩惱，這樣理事相應，也能應機妙用，才是「佛法不離世間法」，也才是一邊用世間法做人間事，一邊學習到出世的精神，此即「開權顯實，由方便入真實」，意即「佛法生活化」。

方便有多門，才能對應各種不同根性的聽法者，但歸元無二路，最終每個人所要證悟的都是要邁向唯一的真實之道，所以沒有方便法就無法探求真實法。同樣枯葉掉下來，十一歲的小牛悟到的是樹葉從嫩葉到綠葉再到枯葉，最後落下來，就像是生老病死一樣是自然法則。但四歲的關渡書軒小志工佩琪悟到的則是她要把枯葉撿起來給師公，這樣師公就不必彎腰去撿，這是代表一分體貼與承擔，也是師有事弟子服其勞的貼心。兩個人見聞同一件事，卻從各自的妙權方便中去體悟道理，這就是「方便有多門，歸元無二路」，也就是「殊途同歸」的意思，不一樣的途徑，但回歸的目標則一致。

慈濟法門的修練方式將有為法與無為法搭配使用，從方便契入真實，就是一種微妙法。一般佛教徒受持五戒、慈濟人恆持十戒、聲聞乘的人修四聖諦、緣覺乘的人修十二因緣、菩薩道修六度萬行，這些都是方便教法。甚至講東方琉璃世界或西方極樂淨土也都是方便權教，東方與西方只是個代名詞，淨土也只是一種心靈的境界，它並不是遙不可及，其實真正的淨土就在自己的內心，所以才說「心淨佛土淨」，並說「佛在靈山莫遠求，靈山只在你心頭，人人有個靈山塔，好向靈山塔下修。」所以，靈山也不必外求，就在自己心中。心不淨，則無論身處何方都是穢土；心淨，則無論走到哪裡都是淨土。心念正，所學皆成正法；心不正，所學皆成邪法。同理，心清淨，所學皆成智慧；心不淨，所學皆成知見。成也這念心，敗也這念心。

《法華經》所云：「佛說過去世，無量滅度佛，安住方便中，亦皆說是法。現在未來佛，其數無有量，亦以諸方便，演說如是法。」其中提到「方便」與「法」，其實指的就是方便不離真實，真實也不離方便。雖然講大乘真實，還是要有方便施設，要通權達變、善巧運用，目標就是要達到真實的結果，就如工欲善其事必先利其器一樣，所以也是一種巧思與微妙，值得我們細細體會。方便有多門，需因眾生之不同根機而千變萬化，所以才說八萬四千法門，法門也是無量無邊，也才要「法門無量誓願學」，雖然隨機而變也變幻莫測，但卻萬變不離其宗，最終還是要「捨方便，取正直」，就如渡船不是我們的目標，渡船只是個工具，到涅槃彼岸才是目標。眾生根性皆不同，對法的體悟也會「四眾同聞，法未同解」。既然對法的解讀不一樣，如又不能做到「依義不依語」，甚至自己片面錯誤解讀，結果自是錯解如來真實義。就如前面三個企業家要開素食餐廳一樣，動機相同，結果迥異。這其中，有否「開權」之後繼而「顯實」，將所學之佛法與生活工作結合，並善巧運用使之妙用，則是成敗的關鍵。

妙法對機才能兼顧圓融

用方便法權教無非是要與不同根器的人對機，讓不同根性的人都能聽懂法，所以才要權巧說妙、觀機逗教。面對中下根機者不能跟他講上根機的法，孔子說：「中人以下，不可與上也。」就是此意。我們不能跟老人家講兩性關係，也不能跟青少年講如何保養身體，我們不能跟池塘的魚講大海的故事，也不能跟熱帶的蟲講北極的事。此外，我們如果自己已是體弱多病之身，卻要去向人推銷健康食品，這樣也會無人問津。所以，對機與否很重要，能對機就是妙法，不能對機則即使大法也是沒辦法。

同理，在社區吉祥月的祈福愛灑晚會中，要攜家帶眷前來的會眾們繞佛繞法，也是需仔細評估其人緣、地緣、時緣是否恰當，同時有老人、大人及小孩聚集之活動，情況更為不易掌控，更需審慎行事，否則就是活動進行到一半人潮漸失，這就是法不對機，人們當然失去興致。來自全球不同國家的實業家透過參與營隊來了解慈濟，這些人對慈濟有者一知半解，有者全然不知，且大多是第一次來臺參訪，如要在圓緣時刻勉強人家跪唱「立願文」，唱著「敬請上人莫憂慮」，他們甚至不明白上人要憂慮甚麼，這也是文不對題，很格格不入，更會讓不同宗教、不同國籍，甚至不同文化背景的學員們感覺突兀與「唱不由衷」。其實，這不但不對機也是一種不尊重，這樣會把好事弄巧成拙，所以也是需要方便與圓融兼顧，這需要有分別智。

《法華經》是後人輯錄整理而成的，佛陀當時告訴大家所說的是一乘真實法，帶領大家走入正確的道路，這條路就是菩薩道。人人本具佛性，都能發揮佛心、菩薩行，就如這四十多年來，慈濟就是走在《法華經》的路上，不跑道場、不做經懺，但是隨時都在自我警惕要自我反省與懺悔，並且強調「正人先正己」。先改正自己的過失，然後將成長的喜悅與人分享，也從中慢慢地感動他人、影響別人，這就是用佛法解心結，也就是佛陀要告訴眾生的一乘真實法。無論是三乘或二乘，最終歸一乘，一乘就是解脫道的大乘，就是菩薩道。

有些人只想消除自己的業障與苦難，只想自己修行而自我解脫，因此到處聽經聞法，參加法會甚至閉關，希望從中獲益，這譬如校制之小學，叫做「聲聞道」。有一些修行者能直觀十二因緣的本質而達到自我解脫，但卻不想教育別人、指導他人，或與別人分享，這譬如校制之中學，叫做「辟支佛」，意即緣覺道。有些人懷有更廣大的誓願，希望藉由修行佛法，組織佛法共住團體，他們不但樂於自己慧命的蛻變，也不吝與眾分享自己的改變與成長，也積極與眾分享修行的法益，不但自度自他，也自覺覺他，這譬如校制之大學，叫做「菩薩道」。聲聞乘與辟支佛乘合稱「二乘」，加上菩薩乘則統稱「三乘」，再加上人乘與天乘，合稱「五乘」。佛陀肯定二乘為值得尊敬之道，但那不是究竟的教法。因此，佛陀在最後七年的暢演《法華經》，趁機緣成熟之際調和、統整三乘教歸於一佛乘，而此一乘法足以運載群生，渡生死河，置涅槃岸，這是唯一的方向，所以才說「開三顯一」或「會三歸一」。

三界火宅的妙喻

舍利弗尊者在聲聞眾裡是最具智慧的，所以釋迦牟尼佛就說：「文殊師利菩薩是實智，是在菩薩中的『智慧第一』。舍利弗是權智，是在權教裡的『智慧第一』。」舍利弗雖也是「智慧第一」，同樣已斷煩惱，但疑惑仍在，即使佛陀要開講法華大法之際，舍利弗還是心存疑惑與信心不足，甚至誤以為是魔王現身為佛陀，要宣說錯誤的教法。一乘法的觀念甚至超乎舍利弗所想像與理解的範圍，這與他過去所學的「執小偏空」有極為強烈的衝擊，舍利弗對一乘法的真實教義存有懷疑與不信，是許許多多傳統佛法修練者的典型代表。其實，上人在靜思晨語中開講《法華經》，間中常以舍利弗的心路歷程為例作譬喻，吾等可以視為借鏡。好在佛陀以大乘方便法開權顯實，最終善巧地讓舍利弗等人看清這是佛陀在教授一部無上甚深微妙法，是從修練聲聞道與緣覺道進入一乘的教法，立刻體悟這是成佛的究竟之道，也自此升起菩提心。其實，當今一些佛法的修練者，也都有這樣的心念轉折，甚至身在一乘菩薩道，但卻對自己所修的法沒信心，這樣道業還是難以增長。

佛陀以「三界火宅」做譬喻而說法。有一個富商有好幾畝地，裡面有一棟巨大的豪宅，宅中有成群的僕童，裡面並住著許多人，但這棟房子唯有一門，並不是一個安全的住所。有一天，豪宅突然發生大火，情況十分危急，而他摯愛的孩子們正在裡面玩耍，他不願孩子們葬身火窟，所以大叫：「孩子們！屋子著火了！大家趕快跑！等一下屋子塌下來，你們會被燒死。」然而，諸子處火宅中而不覺、不知、不驚、不怖，處險境而不出，不是不怕，而是不知道怕，這是譬喻眾生愚癡與癡迷。處在焚燒中的火宅裡的孩子們因沉迷於嬉戲而無視於長者父親的大喊，一點也不怕，玩得不亦樂乎，不想離開屋子。商人十分難過，但還是找到幫助孩子的方法。他心想：「這些孩子真傻，怎麼這麼喜歡玩！我必須用權巧方便來破除他們對遊戲的熱衷，才有機會救他們出來。」

因知道孩子們喜歡玩具車，所以他大喊：「孩子們！你們這麼喜歡玩遊戲，我外面這裡有你們喜歡的不同顏色、不同形狀的羊車、牛車、鹿車等等要送給你們。只要你們出來，每個人都可以擁有其中一輛。」孩子一聽有他們喜歡的禮物，爭先恐後全部衝出大門，離開了火宅。我們就如諸子，佛陀就如耆德長者。長者憂心諸子執著於自己的喜好而遇險境不出，只好施權說妙，目的就是要這些孩子走出大門、離開火宅。但一到屋外，孩子們並沒有看到羊車、牛車、鹿車，卻只看到一台很大、很漂亮，乘載量很大也很珍貴的大白牛車，大家心生歡喜，紛紛想登上這輛大白牛車。

佛陀不輕暢演一乘法

講完譬喻後，佛陀對舍利弗說：「那個商人答應要給孩子各種不同的車子，但最後只給一台大白牛車。他為何這樣做？因為他認為他所摯愛的孩子理應獲得的是這種最好的車子，只有這種最上等的車乘才能襯托出他對孩子的愛，所以他給孩子最珍貴的大白牛車。你會說這個商人是在對孩子說謊嗎？」

舍利弗回道：「不！我們不能說這個商人說謊。是因為出於對孩子的愛，他給了孩子最珍貴的東西。他之所以舉出各種不同的車，目的就是要投其所好，先善巧方便給孩子們想要的東西。」佛陀說：「對！商人的孩子中，有人喜歡鹿車，有人喜歡牛車，有些喜歡羊車，所以商人才會說，想要鹿車的人有鹿車，想要羊車的人有羊車。他先提出這幾種車子讓孩子們歡喜，但因他心中只想給孩子最豪華、最珍貴、乘載量也最大的車，因此孩子逃出火宅後，只給他們大白牛車。」

佛陀並說：「眾生就像這樣，有些人喜歡聲聞乘，有些人喜歡緣覺乘，有些人則喜歡菩薩乘，但最後佛陀只給眾生最珍貴的車乘——超越其他三乘的一乘。雖然我曾經說過三乘，但實際上只有一乘。」佛陀就如四眾之父，看到我們執著於眼前的遊戲而活在假相之中，也看到我們耽溺於物慾的橫流之中，跟商人的孩子一樣，看不見自己處境的危險。所以，出於父愛，佛陀運用各種方法要引導我們離苦得樂。其實，上人對慈濟人殷殷教誨的心念何嘗不是如此。

舍利弗豁然開朗之後，請求佛陀開講法華一乘法，佛陀理解在聽法的群眾中有些人的根機尚未成熟，還無法接受真實法，將因質疑及排斥大乘大法而為自己帶來謗法的傷害，所以佛陀連續說：「止！止！止！」並說：「這個法華教理是一條究竟之道，極為稀有、極為深奧，難以理解，根機未成熟的人難以接受。」聽到佛陀這樣說，舍利弗跪請佛陀說道：「佛陀，您既然殷勤讚歎這極為稀有、深奧、微妙又難以理解的大乘之法，您可以為我們開講嗎？」佛陀再度拒絕說道：「若我宣說此法，那些相信自己已證悟，認為自己無須再多做學習的人將墮入懷疑與傲慢的深淵之中。」然而，舍利佛還是不放棄，為了四眾弟子鍥而不捨向佛陀求法，終於佛陀不再拒絕，於是同意開講妙法。一開講，果然不出所料，五千人定見難轉，當場離席。

佛陀的本懷不是要以小乘來度眾生，但因為眾生根機不同、利鈍不一，所以用了四十二年的方便法，一直到最後七年才開始暢演《法華經》，這是佛陀的本懷與目的。佛陀過去以方便法教化眾生，那是因為當時大部分的聽法者是增上慢。所以，佛陀開講《法華經》，五千人當場離席，這是因為增上慢尚不能打開心門接受大乘大法，造成經與人拉不近。然而，五千人離開後剩下的聽法者能否與佛相應也是未知數。就像現在慈濟人在聆聽上人的法、恭聽上人的開示，雖然沒有離開慈濟也還在做慈濟，但能否與靜思法脈及慈濟宗門相應，這也是未知數，因為還有一些人尚無法釐清自己要修哪個法門，對自己正在修的法門沒有信心，甚至還在質疑。所以，學佛如果浪費太多時間在選擇跟質疑上面，或信得不夠深，願得不夠切，造成一念疑悔，或不能一門深入，這樣就不得成就。這是很多人學佛不能進步的原因，值得我們警惕。

走入人群方悟妙有真空

佛陀當年說三乘與二乘，這是佛陀度化眾生的方便施設，最終還是要歸為一乘。所以《法華經》有云：「唯有一乘法，無二亦無三。」此乃眾生皆有佛性，皆堪成佛，但又因根性不等，佛陀不得已必須先善巧說二、說

三、說五，我們要體解這無非是要做為究竟成佛的階梯與施設。所以，佛陀四十九年說法，其中番番調停、次次陶鑄，等到法華會上時，見機緣成熟，即開權顯實，會三乘歸一乘，不落二乘、純一無雜，強調須走入人群行菩薩道才會究竟。我們唯有把來龍去脈釐清楚，不但明白佛陀花了四十二年之方便用法，也洞悉佛陀在最後七年之真實用意，這樣才會有助於我們修道信念的堅定不移，慈濟法門的修練也是如此。

佛陀是在人群中以身體力行做示範，告訴我們最後七年所講的大乘大法才是佛陀心中想要說的真實法，既然用「真實」兩個字來形容，就代表是法的精華所在，佛陀來世間就是要成就這樣一大事因緣。然而，上人認為佛陀最後七年開始講真實法，感覺是有點慢了，慈濟真實之道雖已走入第四十九年，許多教化眾生、導正人心的工作尚未完成，加上末法時期夜叉邪魔的邪知邪見如恆河沙，以及天災人禍此起彼落，印證佛經所預言我們正處壞劫時期，這個時期會災難偏多，因此上人認為菩薩大招生及齋戒護地球再不積極推動會來不及。

舍利弗執偏空，但不徹悟妙有的道理，因此佛陀以舍利弗為當機，提醒他要他知道：菩薩起觀照的時候，觀色不異空，觀空不異色，色與空不是兩樣，就好比是冰與水的關係，本質上冰就是水，水就是冰。菩薩觀一切色都是因緣生法，從無到有，又從有到無，如浮雲夢幻般，須臾變滅現無常，所以才說「諸行無常」。

其實，色的本性就是空，不需等色滅了才叫做空，所以才說「色不異空，空不異色。」道理在此。舍利弗體會到諸法皆空的真空，自己修到無為無欲，也一心清淨，這是守住「空」的無為法，但卻也因此而執偏空，這樣只有「真空」而沒有「妙有」。以慈濟法門來解析，為人群付出無所求，也不悉求回報，這是真空，但多做多得、少做多失，自耕福田、自得福緣，最終還是有所得，這是妙有。有所求就沒有，無所求就有，布施及功德的觀念更是如此，三輪體空才是妙有，執著功德名相就會空有，這就是「真空非空、妙有非有」，以及「真空妙有、妙有真空」的深邃意境。要體會這樣的意境，就必須走入人群、自覺覺他，才會覺行圓滿，而非獨覺做自了漢。

權智是實智的僕僮

由方便入真實也是要有善巧與智慧。以前慈濟營隊圓緣或歲末祝福上人都會為大家點燭燈，等全體的燭燈都點燃了，接著再慈示大家：「燭燈有形，心燈無形，人人手中的燭燈點燃了，還要繼續點燃內在的心燈。」現在因緣成熟，上人捨方便取正直，提醒慈濟人隨時要點燃自己的心燈，並說由她來點是「有時有陣」，我們自己點則是「分分秒秒」，心燈點燃了也不是急著外照，而是先往內自照，不是急著改變別人，而是積極改善自己，然而自己改變了還要再去影響別人，意即內修外行並駕齊驅、雙軌並行，這就是由過去的方便直入現在的真實。

以前上人勸慈濟人齋戒是親切的呼喚，甚至講得太直接還擔心志工們會有壓力，還要圓融地補上一句「我不是強迫你們，而是對你們有所期待。」現在災難頻傳、地球崩壞，時間來不及了，直接講「非素不可」，要每個人「心中有素」。以前透過全球慈濟人慈濟事去警惕大家國土危脆、人生無常，要大家做無常來臨前的準備，趕快進來慈濟，也就是入宗門。現在很多人透過四大八法的方便門進入宗門了，還要再警惕大家「不能只入宗門而不知法脈」。要怎麼知法脈？就是要入經藏。要入經藏就要養成讀書的習慣，偏偏很多人很愛做活動，但不愛讀書，怎麼辦？選一個大因緣也就是三一一日本的複合式大災難，透過大災難的大因緣去適時轉大法輪，怎麼轉？透過水懺入經藏演繹。不是要我們去表演，而是演繹與說法，所以有配套要先齋戒及參加讀書會從中入經藏，否則不能上台，這是軟硬兼施，也是悲智雙運的巧妙用法，更是明師教育弟子的用心良苦。

二〇一一年八月全省數十場演繹結束之後，有一天我返臺進靜思精舍，在拜見上人時，提及不只臺灣，連海外據點都因為水懺入經藏演繹而參與讀書會的人數暴增，人人從中入經藏而成長，真是妙法。上人聽後回道：「全球慈濟人都這麼精進推動慈濟志業，如果只是參加慈濟卻智慧沒有增長，我做師父的也是有責任。所以，這次推動經藏演繹是『強迫中獎』，期許大家從此養成讀書入經藏的習慣。」睿智的教誨之後，現在全球慈濟據點果然紛紛成立讀書會，然而上人又繼續警惕大家說道：「不要以為成立讀書會就可以入法，不能像蓋寺廟只是有一個表象而已，而是要用心體會經文，學以致用，並與生活結合。」真是學無止盡。

還不了解慈濟的人，上人請他多了解；已經了解也認同者，上人請他趕快進來，已進來但還未能承擔者，上人鼓勵他精進，已經精進而能承擔者，上人提醒他不能只是承擔工作，還要懂得承擔責任，已經能承擔工作也能承擔責任者，再繼續警惕他不要因為求好心切的責任感而想掌控一切，或要大家都聽從他的見解，這樣將落入凡夫煩惱的境地之中。還未做到的，上人巧妙地運用方便法門引領慈濟人做到，已經做到了，又要精益求精，百尺竿頭更進一步，而且愈走越海闊天空。這教化過程中的說妙施權，最終開權顯實，間中的方便法與真實法交互運用、搭配得宜，循序漸進帶領慈濟人逐步邁向「解脫」與「覺悟」的真實之道。這就是——「種種權智方便，皆歸實智」，一旦入實智，則能透徹宇宙人生的真實之相，這就是轉最大法輪。

佛陀是「方便知見」具足，藉著曲順萬機，拐彎抹角以實智去妙用方便法。隨師時，有一次上人說道：「權智是實智的僕僮。」也就是權智只是僕人，實智才是主人，僕人是聽從主人的意思去做事情，意即權智的運用不能脫離實智。同理，表面上雖是權巧的方便施設，其實方便之中已蘊藏著真實，所以看似方便，實則真實，這就是由方便入真實。

國家圖書館出版品預行編目資料

方便與真實 / 劉濟雨著.
-- 初版. -- 臺北市 : 經典雜誌, 慈濟傳播人文志業基金會, 2014.04
304面 ; 21 x 15公分
ISBN 978-986-6292-48-4(平裝)

1.佛教 2.通俗作品

220 103003698

方便與真實

作　　者／劉濟雨
審　　訂／釋德傳
發 行 人／王端正
總 編 輯／王志宏
叢書編輯／朱致賢、何祺婷
美術指導／邱金俊
美術編輯／黃昭寧
校　　對／劉濟雨、朱致賢、何祺婷
出 版 者／經典雜誌
　　　　　財團法人慈濟傳播人文志業基金會
地　　址／台北市北投區立德路二號
電　　話／02-2898-9991
劃撥帳號／19924552
戶　　名／經典雜誌
製版印刷／禹利電子分色有限公司
經 銷 商／聯合發行股份有限公司
地　　址／新北市新店區寶橋路235巷6弄6號2樓
電　　話／02-2917-8022
出版日期／2014年4月初版
　　　　／2015年2月初版六刷
定　　價／新台幣320元

ISBN 978-986-6292-48-4 (平裝)
Printed in Taiwan